つづく
を
たべる
食堂

はじめに

今、すべての文章を書き終えて、この「はじめに」を書いている。僕はこの本を、今のスタッフたち、そしてこれから参加してきてくれるだろうスタッフたちのために書いたようなところがある。

地域のらしさを学び、「食のつづく」を考えるために始めた、D&DEPARTMENT PROJECT（以下、D&DEPARTMENT）の食の活動。その活動拠点は、なんと言っても店。店という場所は、終わりのない仕事で、どんなに素晴らしいメニューを開発しても、どんなに大きな企画を実現したとしても、また明日も営業する、という日常が必ずやって来る。そうした忙しい日常の中で、あらためて何かを伝えることや、わかり合える時間をつくることはなかなか叶《かな》わない現実がある。だからこそ、毎日が歯痒《はがゆ》くもあり、悔しくもあり、そんな日々を積層させながら切磋琢磨《せっさたくま》し、結果、公共的な側面や私的な側面など相反する要素を多分に含んだ、店という場が、魅力的に育っていくということはあると思っている。

この本では、大きく3つの章に分けている。

1章は「d47食堂を形づくるもの」。店として、どういった気づきや考えに出会い、自分たちらしさを見つけてきたのかを書いている。まだまだ成長途中の日進月歩を綴ってみた。

2章は「郷土料理っておもしろい」。これは、もっともっと郷土料理が多様な視点から見直され、評価されていいんじゃないか、と感じていることを書いた。例えば、若い才能あるシェフたちが競い合うガストロノミー料理の潮流にとって、郷土料理が大きな関心を寄せる対象となりつつある兆しもある。また、食材費やエネルギー代が高騰した先に、その地域に強烈に親和性を持つ食材を、その地でタネをまき、育てて、食べる。そんなもっとも原始的なサバイバル術としての側面も郷土料理にはある。

郷土愛や懐かしさ、観光地の名物として食べたくなる気持ちも、郷土料理をつづけてきたその土地の文化を含めた価値が土台となっている。郷土料理は守るものじゃなく、そこから学び進化させる対象で、現代においても進行形なものであることを、もっともっと伝えたいと思った。

3章は「グッドコミュニティ 誰と一緒に生きていくか」。各地で今も頑張っている仲間(先輩)から学んだ大切なことを綴った。無添加や、無農薬や、手づくりや、自家製やら、数多《あまた》あふれるキーワードを鵜呑《うの》みにして判断するんじゃなくて、本当に会って話を聞いて、現場を見て、僕たちが関わりつづけたいと思った理由を書いてみた。恥ずかしながら、およそ一方的にラブレターを送るような内容だったかもしれない。

僕たちはいつも現場を訪ね、自分の目で実際に見て、自分たちなりに考える、という遠回りを選んできた。それは、先人たちの多くの経験が今の食文化をつくってきたように、僕たちも身をもって経験を積み重ねていくことが大事だと思ったから。

また、どうも近道が本当の近道ではない世の中になりつつあるんじゃないか、という説明できない気分も僕の気持ちの底流にあった。

本書を通して、そういった遠回りの連続を、ぜひ一緒に旅するように読んでもらえたらと思う。近道では味わえないものの中に、文化も生き方も、丸ごと味わうような「つづくをたべる」ことがあると思う。

dd 食堂
47 SHOKUDO

もくじ

1章　d47食堂を形づくるもの——26

2章　郷土料理っておもしろい――160

3章　グッドコミュニティ　誰と一緒に生きていくか——312

静岡定食新聞
静岡定食
岡山

dd
DEPARTMENT DINING

dd
食堂
SHOKUDO

dd 食堂
47 SHOKUDO
food
RTMENT PROJECT
dd
47
drink & des
D&DEPARTMENT

dどら
あーん。
dd

d
京都・津乃吉定食 ¥1,600
ゆばうどん ¥1,500
ゆばあんかけ丼 ¥1,500
d&ドライカレー
※その他、喫茶メニューもございます。
自家製レモネードあります

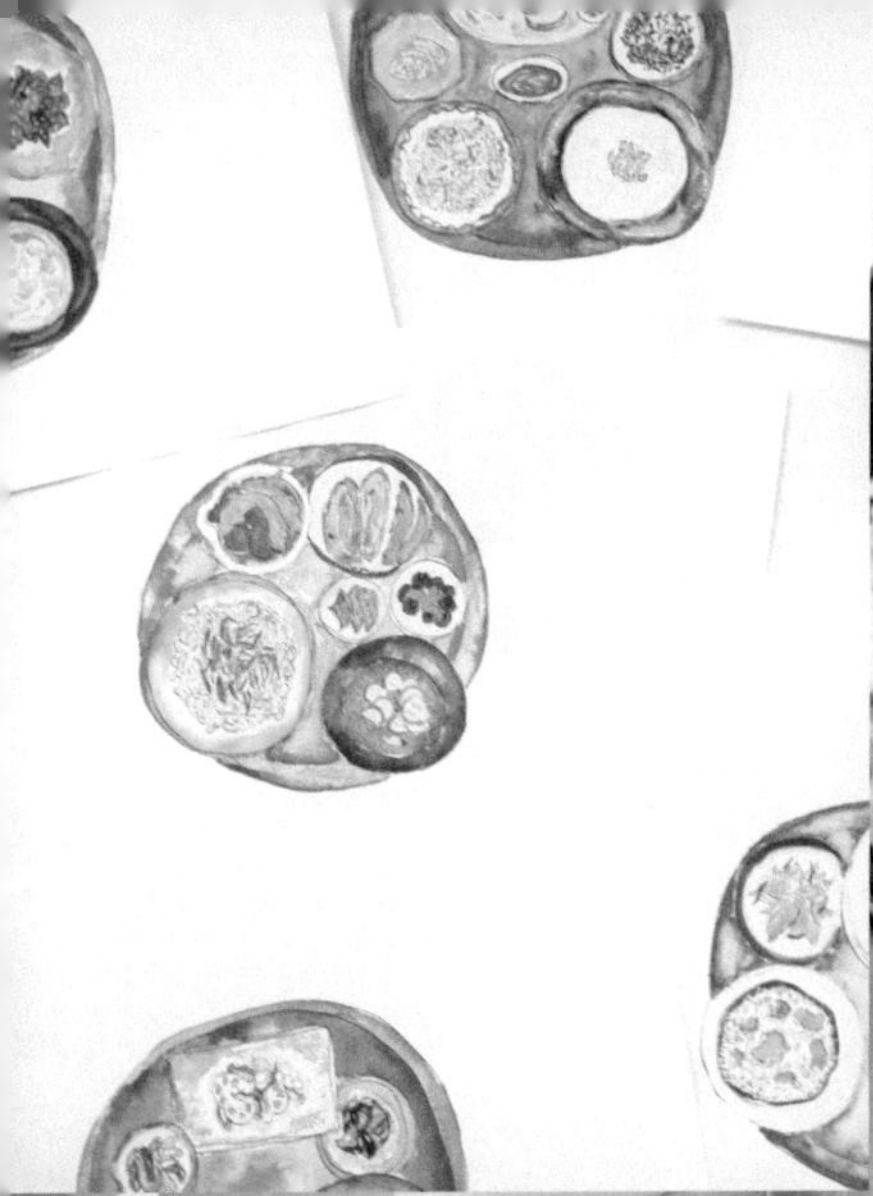

火の用心

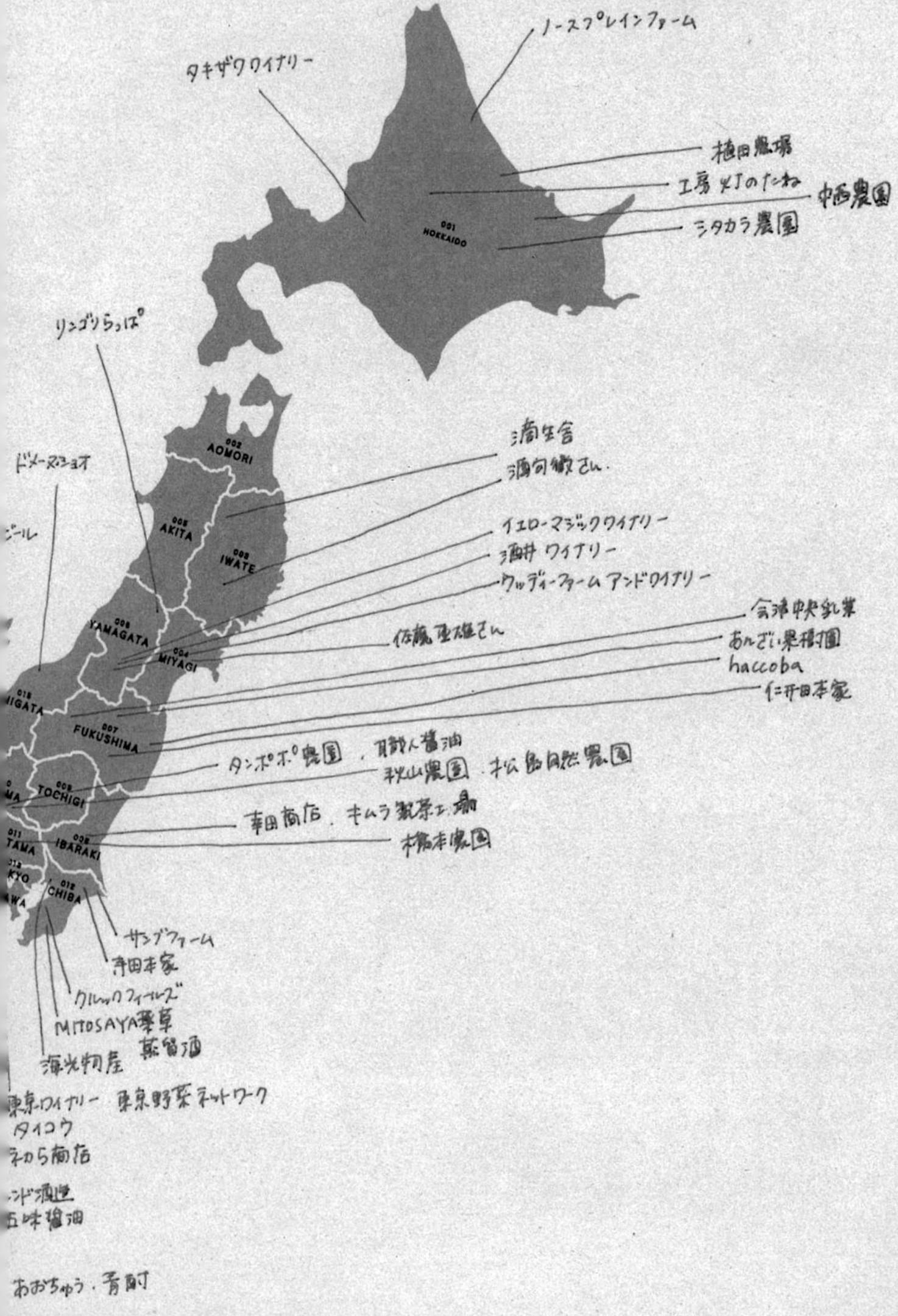
ノースプレインファーム
タキザワワイナリー
植田農場
工房 灯のたね
中西農園
シタカラ農園
001 HOKKAIDO
リンゴリらっぱ
002 AOMORI
005 AKITA
003 IWATE
006 YAMAGATA
004 MIYAGI
007 FUKUSHIMA
008 TOCHIGI
009 IBARAKI
012 CHIBA
ドメーヌスショオ
ジール
IIGATA
TAMA
KYO
WA
滴生舎
酒句徹さん
イエローマジックワイナリー
酒井ワイナリー
ウッディーファーム アンドワイナリー
佐藤重雄さん
会津中央乳業
あんざい果樹園
haccoba
仁井田本家
タンポポ農園、職人醤油
秋山農園、松島自然農園
幸田商店、キムラ製茶工場
橋本農園
サンブファーム
寺田本家
クルックフィールズ
MITOSAYA薬草
蒸留酒
海光物産
東京ワイナリー 東京野菜ネットワーク
タイコウ
ネカら商店
ンド酒造
五味醤油
おおちゅう・青酎

d47 SHOKUDO
FOOD TRAVEL MAP

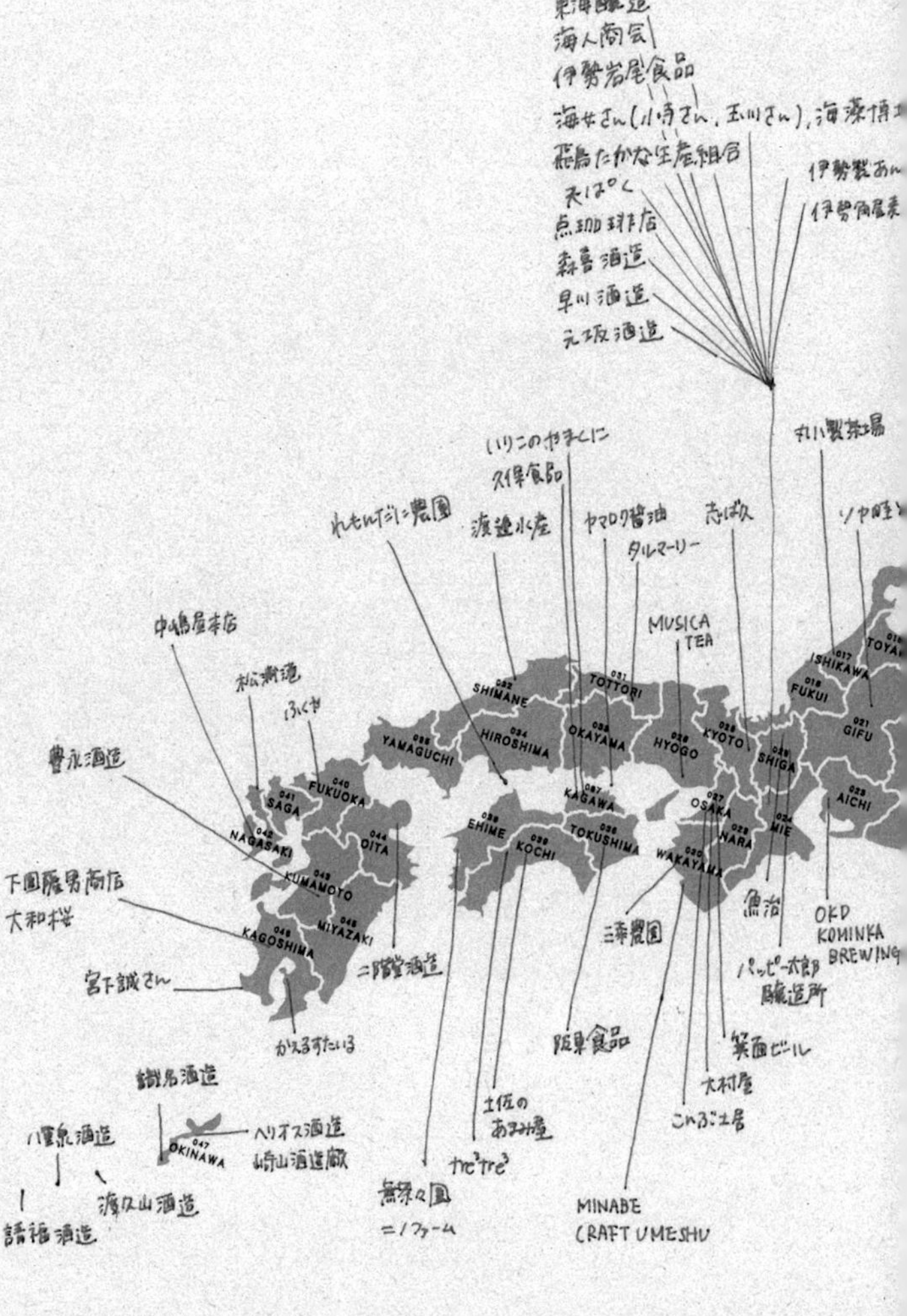

3
「味噌」
「山菜」
9
「いりこ」
10
「丼」
4
「いりこと昆布とかつおぶし」
5
「山菜と乾物」
d&DRY
CURRY

d&DRY
CURRY
2食入り
1人前80g
中辛
d&dry
curry
2食入り
1人前80g
中辛

OMAINE CHAI
DEPARTME
2022

25

1

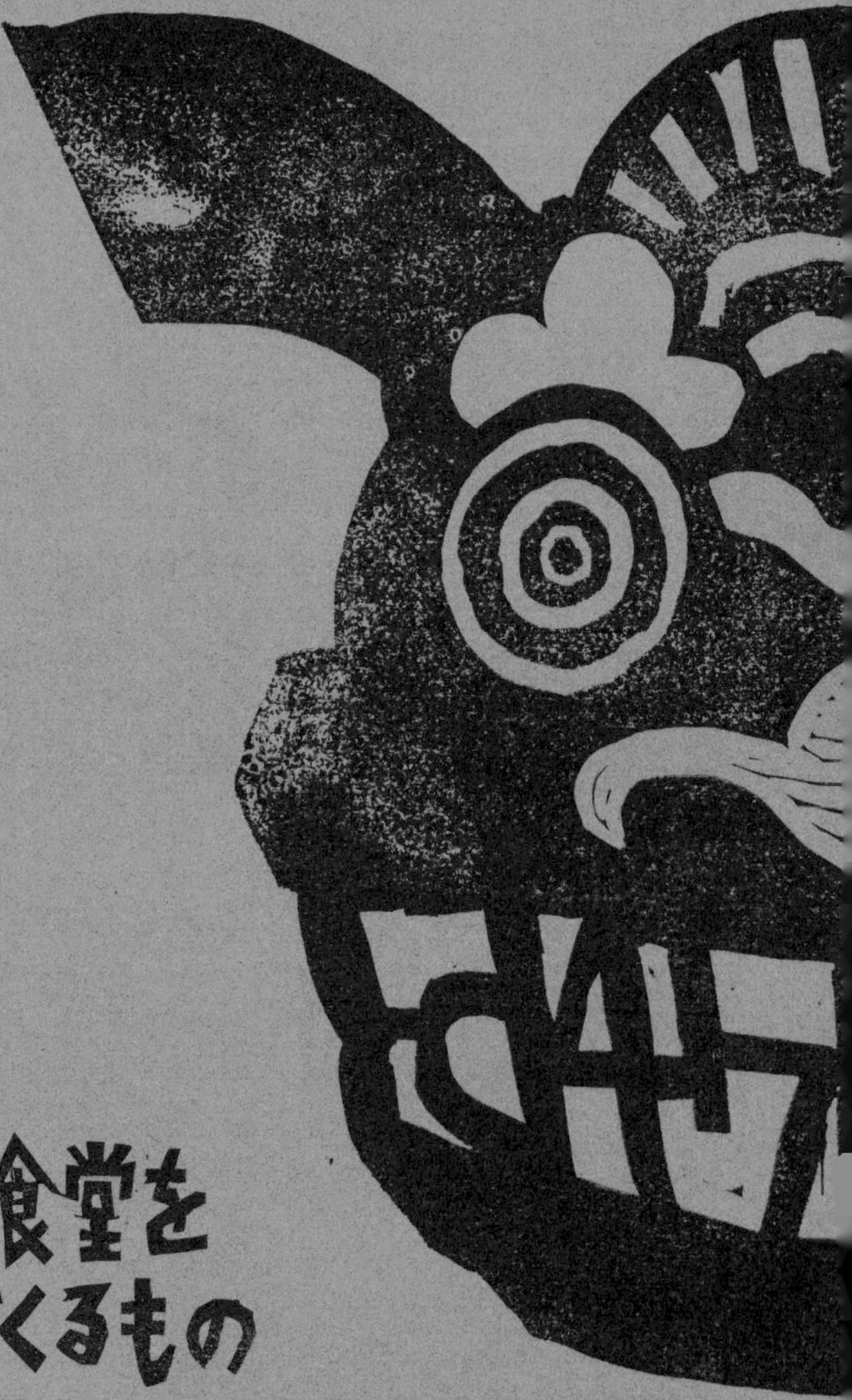

d47食堂を形づくるもの

大きな「おいしい」をつくるディレクターの仕事

僕が所属するD&DEPARTMENTは、「ロングライフデザイン」をテーマにして活動している。2000年にデザイン活動家のナガオカケンメイによって東京で創業。以降、今日まで、企業の中に長くつづくプロダクトや、地域に残る伝統工芸や文化を、デザインの目線で見て、魅力を発掘、販売やギャラリー展示、勉強会などを通して生産者との交流をつくり出しながら、商品の魅力だけではなく、地域の魅力や生産者の思いなど商品を取り囲む周辺のことも含めて発信をしてきた。

魅力あるものを、その背景まで含めて学び、愛着を持ち、使いつづける。そうすることで、ゆるやかに、消費優先ではなく、息の長い開発と生産サイクルが生まれる社会を目指したいと、活動を続けている。

USED

　ここで少し自分のことを話すと、僕は大阪の大学を卒業してすぐ、D&DEPARTMENTが2002年に立ち上げた大阪店（P.32）にアルバイトとして入社。ストアスタッフ、店長を経て、東京店（P.29・31）へ異動し、後にストア事業全体のディレクター（責任者）へ。道の駅のようにその土地のロングライフデザインを応援する拠点としてD&DEPARTMENTをつくっていく、というナガオカケンメイの考えのもと、地域のパートナーの方とローカル店舗の出店を担当してきた。

　担当するストア部門のスタッフが成長し、その担当を引き継げるようになったタイミングで、新たに関わり始めたのが食部門。元々、大阪店店長時代に、食部門のリーダーたちと、店をどうしていくかと話していた中で、食の事業の魅力や、その可能性に強く関心を持つようになっていった。ストア事業に10年関わり、そこから次の10年を食の事業へと関わるようになっていった。

DRAWING AND MANUAL
D&DEPARTMENT

D&DEPARTMENT PROJECT OSAKA

dd
D&DEPARTMENT DINING

僕自身は料理人でもないし、フロアサービスを担当したこともない、飲食業未経験者。そんな僕が、スタッフとともに日本各地の食文化を編集する定食屋「d47食堂」をつくっているので、社外の方から見るとすこし不思議に思われることもある。

それには僕たちの社風も関係がある。「特別な知識や経験がなくとも、日々創意工夫をしながら育てていく」という体質が根付いているのだ。特に明文化はしてないけれど、デザイン事務所からスタートした会社が、いきなりストアとカフェを併設した500坪の面積を持つ店(現D&DEPARTMENT TOKYO)を始めてしまった(!)ように、創業当時から続く「ひとまずやってみよう!」精神は、今も社歴の長いスタッフを中心に、体に染みこんでいる。

そういう会社だからこそ、飲食経験が全くない僕のようなスタッフも、「食部門をやりたい!」と願えば、任される日もやってくる。

もちろん、誰でも、いつでも、というわけにはいかない。いくつかのタイミングが重なる必要もあるし、僕の場合は、経営的な立ち位置にいたことで、部門の経営的な側面を見ることができた、ということも大きかった。

先にも書いたが、大阪店店長時代に、一回り以上年上のカフェスタッフたちと、毎晩のように朝まで飲みながら、「食とは」「サービスとは」なんてことを話して過ごした時期があった。それは、料理や味についての関心というよりも、どちらかというと、「食」を提供する飲食店という場所が持つ空間や時間、そこで働く人と、その店にやってきてくれるお客さんとの間で育まれていく、店が持つ可能性や魅力についてだった気がする。

今となっては笑い話だけど、当時の上司から「毎晩飲み歩くエネルギーを仕事に当てたら、なんでも実現できるんじゃないの」と言われたことも。しかし振り返って見ると、考え方や意識のようなものは、直線距離で身に付くようなものでもないような気がしていて、遠回りをしながらのほうが育《はぐく》みやすいこともあったんじゃないか、と思っている。

実際に、東京、大阪（現在は閉店）、京都、富山など、各地の飲食部門スタッフたちと意識を共有することは簡単ではなかった。もちろん今でも、何かを明確に達成できたと言えるものがあるわけではなく、スタッフが入れ替わる、お客さんの動向が変わった、コロナ禍のような社会状況の変化など、その時々の状況に合わせて、現場のチームと連携して対応していくには、本当に多くの時間が必要で、こればかりは、常に遠回りをし続けていくしかないのだろうな、と思っている。

「食欲」は、人間の持つ三大欲求の一つ。美食という言葉があるように、おいしさには、人を狂わせてしまう魔力もある。高級レストランで提供される麗しい料理たちは、もちろん魅力的だけど、僕自身の「食」への関心はどちらかというと、もう少し、食にまつわる社会、地域の中で店という場所が生み出す可能性、みたいなことに関心が向いていたように思う。

福岡県の博多おでんの名店「安兵衛」。
店に入った瞬間、「間違いなく美味い」と確信させる空間と匂いがある。

僕の中で軸になっている「食」の仕事の考えがある。

どこかで読んだ本の中にあったと思うのだけれど、今となっては誰の言葉だったか思い出せない。おそらく書かれていた内容を大きく自分なりに解釈を広げたためかもしれない。

それは、「一つのおいしい料理をつくるには、おいしい料理につながるための、おいしい食器が必要で、その食器を置くためのおいしいテーブルが必要で、清掃の行き届いたおいしい空間が必要で、おいしい玄関が必要で、おいしい店までの道のりが必要になる」というもの。

つまり、「一つのおいしい」をつくるためには、たくさんの「おいしい」のまわりを創造することが必要になるという考えだ。

だからこそ、飲食店には、料理人がいて、サービススタッフがいて、経営者がいて、ディレクターという仕事もある、と思っている。

そして、2012年に渋谷でd47食堂を始めるときに、この「食」の仕事の考えに、新たに加えたいと思ったことがある。それは、生産者や、地域の食文化、自然環境なんかにも意識を広げ、つなげて、一皿だけにとどまらず、一つの大きな「おいしい」をつくりあげていくこと。

ある地域に、一つのお店があることで、その地域に暮らしていることに価値を感じられるような気持ちになったことは、誰でも一度はあるんじゃないかと思う。

たとえば、おいしい野生酵母のパンを朝早くから売ってくれるパン屋ができれば、その地域に暮らす人たちの朝ごはんは、少し気持ち良いものになるかもしれない。おいしいケーキ屋があれば、記念日がちょっと楽しくなり、おいしい居酒屋があれば、仕事帰りの一杯が充実したものになる。

店があることは、その店だけのことではなくて、店の存在がその地域で暮らす価値に直結していく。僕が「食」に関わる仕事をやりたいと思っているのは、人の日常と関わりを常に持ちながら、皿の上から飛び出して、地域との関わりや、食産業の社会課題についてどんな関わりを持ちながら、大きな「おいしい」を考えていくかに向き合ってみたいと思ったのだ。

環境や地域、社会や文化、スタッフや経営、そういったさまざまなことを含んで生み出す「おいしい」を考えること。それが、「食」のロングライフデザインを探究することにつながると思っている。どこまで行っても、これが正解という答えはきっとないだろう。飲食店やそこに関わる人の数だけ、そこから生まれる文化もまた、無限に広がっていくのだから。

いつか、自分が関わった店や考え方が、店の外の地域や社会に醸し出されて、誰かの生活や、誰かの生き方に少しでも影響を与えるようなことができたら、こんなに嬉しいことはない。それは、多くの生産者や出会った方々たちの影響を受けてきたことが、小さくとも誰かにバトンタッチできたことを意味するのだから。

日常的に通うことができる、d47食堂のような飲食店だからこそ、社会を少しずつ変化させていくことができるはず。

社会を変える、とはおこがましいが、僕たちが店を通してやりたいことは、きっと、おいしい食事を中心に置きながら、社会を少しだけより良い方向につなげていくための活動をしていきたいのだと思っている。

だからこそ、僕のような「ディレクター」という仕事も必要になっている。料理がつくれる人がいて、サービスができる人がいれば、店を開けることができる。しかし、僕たちD&DEPARTMENTが始めた、47都道府県ごとの食文化を編集する定食屋「d47食堂」がやりたいことは、「食」のロングライフデザイン活動。

つまり、飲食店でありながら、店を通して、社会に対しアクションを起

こしていくこと。まだまだ大声で「これができている！」と言えることは少ないけれど、開店から10年以上、食のロングライフデザインを通して多くの人に出会い、多くの考え方に出会ってきたことで身に付いた実感と、それを料理にし、接客を通して伝えてきた経験はある。そこで学んできたことを、なるべく多くの人に共有できたらと思っている。

人はいつの時代も「無いもの」を求めてしまう性を持っている。「無いもの」を創造するにはクリエイティビティが必要だ。しかし、すでにある価値や魅力を掘り下げ、その価値を次の世代にどうやってつなげるかを模索すること、つまり足元にある価値に気づき、続くように働きかけることにも、「無いもの」を創造することと同じように、クリエイティビティが必要だと思っている。

d47食堂の看板、「定食」のベースは郷土料理。地域固有の食文化である郷土料理のまわりには、先人たちが命をかけてトライした、その地で暮らしていくための知恵の固まりが潜んでいる。そして、食材の生産を続けている生産者の方々にも、いつも僕たちはひきつけられ、生き方や暮らし方のヒントを得てきた。それらは、即効性のある答えを示すようなものではなく、むしろ、自分で考え、自分なりの解釈を生み出していくこと。それはきっと、僕たちが店という手段で活動をしているように、一緒に遠回りを楽しんでもらうような時間となるだろう。

時間をかけること。手間をかけること。今の時代はとかくそれらを省きたがるのだけれど、「食」の現場を見ていると、やっぱり手間は「かかるもの」ではなく「かけるもの」だと思うのだ。そして、それは、遠回りをしないと見えないような価値そのもので、僕はそれを大切にしていきたい。

44

自分たちらしい「食堂」ってなに？

渋谷ヒカリエに47都道府県を一望できるデザインミュージアム「d47 MUSEUM」と、ストア「d47 design travel store」、そして僕たちの活動の中心となる店舗「d47食堂」のオープンが決まったのは、開業のおよそ1年前。2011年のことだった。

それまで、D&DEPARTMENTの飲食部門は、洋食を中心としたカフェダイニングの「D&DEPARTMENT DINING」（以下、ダイニング P.31・32）のみを運営していた。

ダイニングは商品を販売するストアに併設。ストアで販売している家具、食器、キッチンツールなどを備品として取り込み、食事や喫茶のための滞在時間を通してお客さんが座り、手で触れてもらって、生活に近い環境の中で、実際に体験できるような場だ。

そして、息の長いデザイン、ロングライフデザインに関心を持つ方たちが集まり、交流するような場を目指してきた。

お客さんが少なかったダイニング立ち上げ当初は、ダイニングは毎日働く自分たちの社員食堂のような役割も担っていた（お客さんが少ないことで、結果、社食のようになっていた、というのが正しい表現かもしれないが……）。

そしてダイニングも、すこしずつお客さんに集まっていただける場へ育っていったころ、ｄ47食堂の開業が決まった。

渋谷ヒカリエの8階に、47都道府県の今を紹介する「d47 MUSEUM」を立ち上げるにあたり、ｄ47食堂は、「d47 MUSEUM」のコンセプトを、「食」を通して胃の中まで伝えていく場、という考えで始めていった。

このとき僕たちは、初めて和食店に挑戦していくことになる。洋食店の「ダイニング」しかやってこなかった自分たちが、和食を扱うことなど本当にできるのだろうか……、と漠然とした不安はあった。しかし、「日本の地域の食を考えるならば、和食」と必然性を感じていたので、和食のお店をやるのか、やらないのか、という議論などはほぼなく、開業に向けてがむしゃらに走っていったと、今、振り返ると思う。

d47食堂を開業した2012年当初は、正直なところ、郷土料理のことをほとんど知らなかった。分かっていたのは、それぞれの地域には郷土料理があるだろう、ということくらい。

初めはどちらかと言うと、各地の食材を使って、誰もが知っている定番の和食、たとえば生姜焼き、肉じゃが、唐揚げ、アジフライ、うどんなど、「食堂」という言葉からイメージできる親しみやすい定番メニューを出すことを考えていたし、実際、それしかできなかったというのもある。

約1年の開業準備期間は、本当にあっという間だった。メイン料理は、「地域の食材」×「一般的な食堂の定番料理」のかけ合わせと決めて準備をしていたけれど、いくつか小鉢をつける時に、はたと困った。小鉢に何を入れたらいいのか。

「〇〇県の定食」というからには、小鉢もその地域の料理で出したい。開業時は、なんとか手持ちの知識とつながりのある生産者の方々から情報をいただきながら、長崎で生産されている長ヒジキの煮物や、静岡の黒はんぺん、大阪の牛すじの土手焼きなどを提供した。どれもその土地の郷土料理だし、おいしくつくれていたけれど、どこかしっくりこない。

その理由は「僕たちに実感がない」ということだと思った。その料理の背景や、それを誰がどういう時にどんな顔をして食べているのかをわかっ

dd 食堂
47 SHOKUDO

ていないので、メインと小鉢とご飯と味噌汁とで、いったんは形になっているこの定食が、確信をもって自分たちが目指したい「その土地の個性を伝えている定食」になっているとは思えなかった。

正直なところ、確信が持てない中での「d47食堂」のオープンだったけど、ありがたいことに、開業後は渋谷ヒカリエという新しい商業施設がもつ集客力のおかげで、連日長蛇の列。終電が終わっても、スタッフは仕込みを続ける日々。

今まで僕たちは商業施設の中で飲食店をやったことがなかったので、どれほどのお客さんがいらっしゃるかなど、全く想像もできていなかった。売上は開業前の予想金額の2倍以上。オープン初日を終えた僕の第一声は「やばい、そもそもスタッフが足りない!」だった。開業翌日から、店頭に求人チラシを出すことに。社内の他部署のスタッフたちにも協力をお願いして、毎日のように皿洗いなどに入ってもらい、できることを会社全体で取り組んだ。

テレビや雑誌が、いろいろな形で取り上げてくれたおかげもあり、渋谷ヒカリエ全体にも、d47食堂にも、連日多くのお客さんが足を運んでくれた。まさにこれぞ嬉しい悲鳴！と言えるスタートを切れたけれど、良いことばかりでもなかった。

帰り際に「おいしかったよ」とお声をかけていただける日もあれば、厳しい声もあった。

「この値段は、場所代でしょ」なんて言葉もいただいた。開業当時の定食価格は、１４００円から１５００円くらい。レストランとしてはとびきり高価な値段ではないが、街には１０００円前後で素晴らしい料理を出している飲食店も多いから、いわゆる定食屋としては高かったかもしれない。

実は開業の準備を進めながら、僕の中に価格についてどうしてもやっていきたいと思っていた、一つの考え方があった。それは「原価から上代（販売）価格を決める」こと。

d47食堂は、日本各地から良い食材を取り寄せ、つくり手の顔が見えるような食材と器だけを使って定食を出す。だから、実際にかかったコストを元に価格を決め、その価格でお客さんも満足し、店もつづいていかなければ、本当の意味でその生産者の方々の魅力を僕たちはお客さんに伝えたことにはならない、と考えていた。

d47食堂を立ち上げるまで、僕やダイニングのスタッフは、お客さんに払っていただけそうな価格を元に、店が使える原価を計算し、その中で仕入れをうまく調整していくことがほとんど。だからd47食堂の価格の考

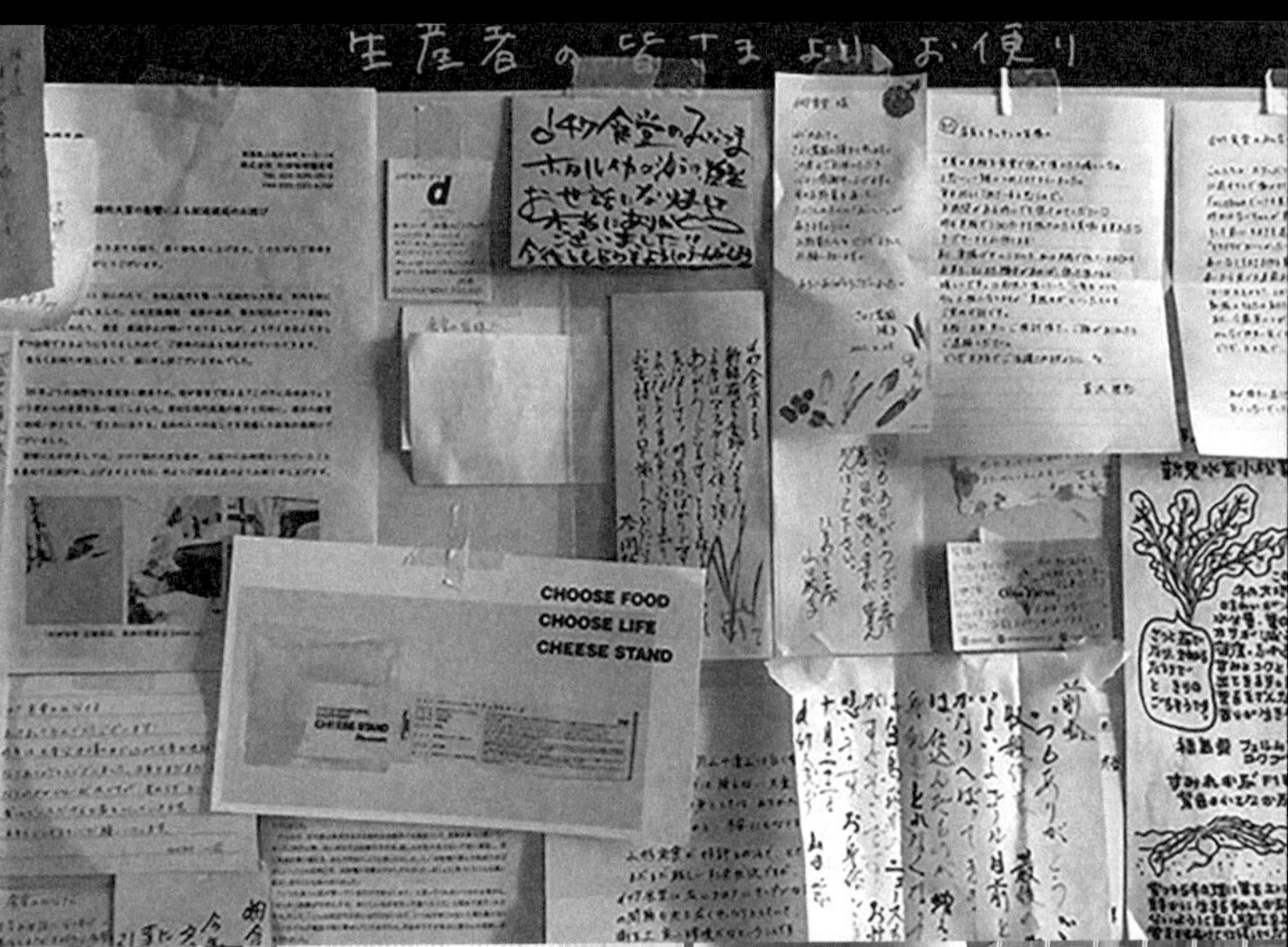
生産者の皆さまよりお便り
CHOOSE FOOD
CHOOSE LIFE
CHEESE STAND

え方は、まったく逆の考えへの転換だった。しかし、「生産者の魅力を伝える」「生産者を応援するように仕入れていく」ことを考えた場合、原価から上代価格を決めることは、何があっても達成しなくてはならない裏のミッションだと思っていたのだ。

そのため、価格について「これは場所代」などと言われてしまうことは悔しかったが、自分たちの料理そのものの内容や質はもちろん、本当に伝えたい料理の背景である土地の文化や生産者のことを伝える力が、僕たちにはまだまだ足りないのだ、と強く認識せざるを得なかった。

現在、d47食堂の各県別の定食は1800円から2200円くらいまで。オープン当初に比べて値段は上がっている。10年前と比べて、食材も輸送コストも値上がりしているので、当然と言えば当然だが、今はこの金額を

「場所代が高いからだよね」と言われることはなくなった。なんとかここまでたどり着けた、と思っている。

たどり着くために取り組んだことは、「d47食堂とは何か、自分たちがやるべきことはなにか、どうありたいか」を考えつづけることだった。

開業のドタバタから1、2か月が経ったころ、少しずつスタッフも揃った。そこで一度、足を止めて、自分たちが取り組んでいる定食や接客のあり方について、見直しをすることにした。

定食屋「d47食堂」としてのメインとなる各県の定食を、自分たちの実感を伴わせながら魅力を伝える、というところまで、アップデートしたい。特別ボーナスのような大型商業施設のオープン時の賑わいがなくなった後も、お客さんに「あの場所に行きたい」と思ってもらえる店づくりをしなくてはいけない。

d
design travel
D&DEPARTMENT PROJECT
鹿児島
大阪
カップヌードル
長野
栃木
東京
TOKYO
山口
沖縄
富山
佐賀
山形
京都
KYOTO
滋賀
SHIGA
岐阜
GIFU
AICHI
埼玉
千葉
CHIBA
岩手
高知
香川
KAGAWA
岡山
茨城
福島
三重
神奈川

街には、ちょっと探せば素晴らしい定食屋がたくさんある。d47食堂がある渋谷にも、新鮮な魚が本当においしい「魚力《うおりき》」や、複数の揚げものを選べる「とりかつチキン」など、おいしくて、価格も手頃な定食屋は多い。d47食堂の「自分たちらしさ」を強くつくり上げていかないと、店をつづけることが難しいことは簡単に想像できた。

では、他の定食屋が絶対にしない、できないことは何か。

そのヒントになったのが、自社で2009年から出版している県別のデザイントラベルガイド『d design travel』シリーズだった(P.56)。この編集チームが社内にいることは大きいと思えた。

そして夕イミングよく、d47食堂がオープンして半年後、東京特集号発刊のタイミングがやって来た。『d design travel』シリーズは、編集部が2か月かけて特集県の地域らしさをリサーチし、取材をする。

ならば、d47食堂の僕たちも東京らしい「食」をリサーチ、「食文化」「食材」を掘り下げ、学びながら東京定食をつくる。それを『d design travel』内で記事として紹介し、東京号発刊に合わせて、実際にd47食堂で食べられるようにするのはどうか、と考えた。

都内のリサーチならば、移動時間や出張費などをあまり気にせず、試しやすかったのも良かった。

d47食堂ができる前から、『d design travel』シリーズ内で、飲食部門が「食」分野のコンテンツ担当となり、地域の食文化を編集していくことはイメージしていた。しかし、このイメージを、僕やスタッフの具体的な動きに着地させる方法は詰めきれていなかった。

「旅する食堂」「取材の旅から生まれる定食」「旅をして本当の実感を伝える店」……、そんな飲食店はそう多くない。

なにがなんでも具体的な取り組みにしていこう、と考えた。自分たちがなるべき自分たちらしい定食屋の姿に、一歩でも近づきたいと思っていた。

『d design travel』の編集方針は、創刊以来、自分たちが現地で本当に感動したものだけを取り上げること。

東京都内の生産者や、飲食店、築地市場などを巡り、ひとつの定食に落とし込んでいくための取材の旅が始まった。

こうやって、一つ一つ、地域の「食」について深く調べる活動を続けていけば、10年後、20年後には、d47食堂は、自分たちが実際に足を運んで感じた各地の「食」の魅力や文化的な背景を、リアルな実感を持って伝えられる場所になるに違いない。

時間はかかるが、時間をかけてこそ、お客さんに伝える力をもつ活動に育つ。東京定食の取材を通して少しずつ、自分たちらしい活動、自分たちらしい定食、自分たちらしい店づくりが、見えつつあるように思えた。なにはともあれ、まずは東京から、自分たちの食の活動としての、地域を旅してつくる定食開発が生まれていった。

東京定食
江戸煮／東京伝統野菜「寺島ナス」の煮浸し／三白(米・豆腐・鯛)
料理:山田英季

伝えたいことがありすぎる料理、「郷土料理」に出会う

あらたに「東京定食」の取材を始めるにあたって、僕たちが最初に探したのは東京産の食材。

東京は消費地としてのイメージが強いだけに、最初はどんな食材が東京でとれるのかわかっていなかった。

調べていく中で出会ったのが、東京でタネを継いできた東京伝統野菜。東京郊外には、今でもたくさんの農家があり、練馬ダイコン、金町コカブ、小松菜、のらぼう菜、馬込三寸ニンジン、寺島ナス、谷中ショウガ、東京ウド……、想像以上に多くの地野菜があることに気づく。

大都会だったとしても、季節や風土を感じられる「東京ならでは」の農業があることに新鮮に驚いた。その土地に育つ、その土地らしい作物は、

その土地の風土に合っているものと言える。その時点で、すでに東京産の農作物はその土地らしさを表現してくれている存在だと思えた。

東京湾へとつながる佃島では、周辺で獲れた魚介類を保存する技術として佃煮が生まれた。また築地市場があったことで、様々な魚種が手に入りやすい。

魚の白身を使う練りものも築地周辺でつくられているし、1960年代まで大田区周辺の沿岸では海苔栽培が行われていた。「大森 海苔のふるさと館」では、当時の景色を見ることができる。江戸前の寿司もあったことから、東京湾は豊かな海の恵みがあったことがわかる。

さらに、江戸の町人文化、大衆文化を調べると、豆腐、大根、白米の「三白」をこよなく愛した江戸っ子気質など、その土地の歴史が生み出した文

寄席「新宿末廣亭」(上)、
江戸東京野菜のひとつ「東京うど」は地下で育てる(下)。

化は、僕たちがこれまで意識していなかっただけで、東京にもあふれるようにあった。

昔から続く食材や食べ方は、気候風土や、歴史、文化の影響を受け、今の時代に生き残ってきたもの。人間と自然が織りなす生きた歴史のように感じられ、「郷土料理のこの面白さはなんだ！」と身震いしたことを覚えている。

郷土料理はそれぞれの土地固有の物語があり、その土地らしさを含んでいる。

おいしいけれど、おいしいだけじゃない。皿の上の調理されたものだけでは語ることができず、歴史とともに積み重ねられた文化としての強い存在感を郷土料理からひしひしと感じた。

あらためて、背景や歴史、それらを踏まえた文化も含めて味わう食事ほど、豊かに感じられるものはない、とも思った。郷土料理は伝えたいことがあり過ぎる存在だったのだ。

僕がｄ47食堂でつくりたいと思っている、「地域に対する興味」込みのおいしさについて、ある友人から、ｄ47食堂で出す料理のことを「土着的な料理だね」と表現されたことがある。どこか腑に落ちると同時に、目指したい料理のあり方だとも思えた。


地域に愛され、その土地固有の物語として存在する郷土料理の中には、それぞれの家で伝え継がれているケ（日常）の料理、家庭料理がある。代々レシピを守っている家もあるが、どちらかと言うと自由にアレンジされていることが多い。違う場所から嫁いできたお嫁さんが、自分の出身地の食文化とミックスして料理することもあれば、食材の流通によって、本来の時期とは別の時期に、違った食材でアレンジされるようなことも生まれる。

そもそも郷土料理は、守るべき基本やその土地のルーツを持ちながらも、いつの時代も社会や環境の変化を受け入れながら、ずっと変化し、進化しつづけてきたもの。だから「郷土料理は常に進化している」と捉えていいし、変化は常に自然のことだと思う。それは逆に言えば、変化や進化を止めたものは、淘汰され、なくなっていったものとも言える。

実際に各地を巡って郷土料理に興味を持つまでは、郷土料理は、「誰かが保護してあげるべきもの」とどこか他人事に思っていた。しかし、郷土料理がそもそも環境や社会状況の変化を受けながら進化してきたことを踏まえれば、郷土料理は、保護するより、むしろ進化し続けてこそ、生き残っていく文化だと言える。

そして今ある郷土料理こそが、淘汰の後に生き残ったもの、とも言える。これは、僕たちがプロダクトデザインや伝統工芸、クラフトなどにおいて感じていたことと、ほとんど同じものだった。

青果、水産、花きが集まる大田市場。

僕たちが考える「食のロングライフデザイン活動」は、『d design travel』の取材手法を取り込み、郷土料理の奥深さに出会って、やりたいことがハッキリした。その土地の文化とともに、今の時代に、そして、未来に向けて、進化し続けていく「食」の取り組みを応援する活動でありたいと思っている。

今、生まれたばかりの創作料理にも、これからのその土地の郷土料理になり得る可能性は潜んでいる。

地産の食材と、その土地固有の食文化である郷土料理とが組み合わされていくと、どんな場所にも、膨大な地域の個性が広がっている。d47食堂の定食開発のあり方は、東京定食をつくったときに緩やかに形が見えてきた。定食開発の旅は、地域を旅して、出会った郷土料理や食材を通して、その土地の暮らしを学び、伝えていく活動となっていった。

開業から11年を経て、およそ30県を巡り、知れば知るほど、知らないことが増えていくような感覚になっている。日本は本当に多様な食文化に恵まれた国だということを、あらためて感じる。そして、この食堂をきっかけに、本当にその土地を訪れて、その土地の空気を吸い、その土地の水を飲み、その土地の人と話し、その土地の郷土料理を感じてもらいたい。

僕たちは、そういった、文化と交流する旅のきっかけを生み出す食堂になっていきたい。

厨房に戻ってきたお膳に、食べ残しが一つもなかったとき、スタッフがお客さんと楽しそうに話しているとき、何かが伝わったかもしれない、と見ていて思う。

土着的な暮らしの景色が見える定食をつくりたい

各地の取材を重ねるにつれて、郷土料理の多くが、その土地で獲れるものを活かして、いかに生きていくかを考えて生まれた「サバイバル術」の側面を持った食文化であることもわかってきた。

今と違って昔は、交通手段も、流通手段もそれほど選択肢がなかった。だから、その地域の中にあるものをいかに食べるか、がその土地で生まれ育った人にとっての生きる術《すべ》。その土地の気候風土がその土地の植生をつくり、その中で見出された食材を使って、アクを抜く、毒を抜くなど、人が食べられるように料理をしていく。

先人の食に対する知恵の蓄積は、特に長い間、雪に閉ざされるような厳

山形の伝承野菜農家の宿「森の家」。
甚五右エ門芋を代々守り続ける若い主人の自宅兼宿。

しい冬がある山の暮らしを見学しにいくと強く感じることができる。

新潟県の越後妻有《えちごつまり》は、日本有数の豪雪地帯。

今はトンネルができ、道も通っているから、真冬でも他の地域の食材を手に入れることができる。しかし、それまでは里山に暮らす方々にとって、雪で閉ざされた中で食糧を手に入れることは非常に難しかった。

彼らがとった生存戦略は、春から秋にかけて収穫できたものを保存し、およそ半年間におよぶ長い冬を生き抜くと言う術だった。

春の山菜はアク抜きしてから乾燥、秋野菜は天然の冷蔵庫となる土間で新聞紙に包んで保存したり、雪の下にゴザを敷いてその中で雪中熟成したり。キノコは塩漬け、大豆は味噌煮。

もちろん、冬季の貴重なタンパク源となる動物を狩猟したりもしてきた。

様々な保存の技術を暮らしの知恵として見出し、今もその土地の季節の料理として残している。

本当にたくましい暮らし方で、冬の間食べつづけていても飽きないおいしさがあることに何度も感動した。

家の縁の下の貯蔵庫、家の裏山に斜面を利用した洞穴をつくって食材を保存する様子は、そのどれもが、山の雪景色と重なり合って、とても美しく、幻想的な暮らしの景色だった(P.76・77)。

あるときは、山形定食の開発をするために山形県に訪問した。

夏真っ盛りのころだ。庄内柿の農家である五十嵐大輔さんの元を訪ねると、丘の上の柿畑に、スーッと気持ちの良い風が抜けていった。青く澄んだ空に、雲がゆっくりと流れていく(P.80)。

山形の夏の暑さは、盆地ならではのジメッとした重たさがあるが、柿畑には爽やかな風が吹き、湿気を飛ばしてくれるようだった。

農業の現場では、湿気がたまったところに病気が発生することが多い。だからこそ、この風が吹くことが、良い柿が育つ大事な要素なのだと五十嵐さんは言う。日照条件や気候はもちろん、そこに吹く風もまた、地域の特性を表す大切な要因になっているのだ。

おいしい定食をつくることは大前提だけど、いかに「定食」の中に、この柿畑の澄んだ青空と、この気持ちの良い風まで含めて、伝えられるだろうか。

僕たちが定食で伝えたいものは、食材や味が生まれた背景であり、地域の食文化の魅力。気持ちよい風景を、思う存分味わったこの山形の旅では、そこに暮らす人の営みが見える「景色を伝える定食」をつくりたい、と心底思った。

県や地域の定食開発では、その地域のある季節、出会えた生産者、その時に味わえた料理といった要素を、なるべく集めていく。当然、全てを網羅することはできない。

同じ山形県の定食でも、春夏秋冬でまた違った編集をすることもできれば、d47食堂のある東京まで流通していない食材もあるから、もし、山形に僕たちの食堂があれば、また違った定食が出来上がっていくだろう、とも思っている。

定食の組み合わせは、取材した季節、取材した地域の違いで無限に生まれていく。

この定食開発の旅から生まれたひとつの「定食」は、あくまで僕たちが

冬は積雪量が3mもあり、寒暖差が柿をおいしくすると柿農家の五十嵐さん(上)、
山形取材中に「d design travel」編集部とともに参加した芋煮会(下)。

その時期にその土地を訪れ、フィールドワークを通して、その土地の料理に触れていった地域の食文化の氷山の一角。

スタッフとよく話すのは、その県を全て語りつくすことができるような定食を目指すのではなく、どちらかと言うと、食べた人がその土地をこれからより深く知りたくなって、行ってみたいと思うきっかけになるものを目指そう、ということだ。

完璧さや網羅したものを目指さず、興味のきっかけになるような定食だ。

d47食堂に入った新しいスタッフに、入社時に伝えていることがある。それは、すべてが完璧であることより、「まずは自分たちが、心からその土地への興味を持つことから始めよう」ということだ。僕たちの定食がきっかけとなって、その土地に関心を持つ人が、一人でも増えていくことを目指そうと。

僕やd47食堂のスタッフたちは、東京近郊に暮らしている。取材先の地方の方々から見れば、ある意味、外からやってくる異人。異人だから持つことができる、その土地への新鮮な関心こそが、地域の方々と対話をする上で、とても重要だと思っている。

暮らしてしまうと、地元の魅力に気づけないことは多い。内と外の両方の視点を持つことで、はじめて地域の魅力を見つめることができることはあると思っている。

『d design travel』が、最も売れている場所は、特集した県内であることが多い。地元の人も、地元の魅力をあらためて知りたいと思っているし、ある意味で外の目線で見られた何かを通して、あらためて自分たちの魅力を知りたいと思っているのだと思う。

僕たちが異人として、その土地の魅力を編集することで、地域の人たちに、「あなたたちはすでに足元にとても素敵な原石を持っていますよ」と伝えられるような気がしている。

だからこそ自分たち自身が、まずはその土地に関心を持つことが第一歩となる。定食のあり方は、関わる人が変われば、つまり編集する人の関心が変われば、どんな形にだって変化していく。

人が何にどう関心を持つかは、それぞれ。そして、レシピを基においしい料理をつくることは、ある程度料理ができれば誰でもできる。だけどその土地の風景や景色を感じながら関心を持ってつくることと比べると、同じレシピを使っていても、そこには大きな差が生まれていく。

それは味ではなく、つづける上での良い緊張感、と言い替えられるだろう。僕たちは多くのお客さんのために、日々大量に料理を仕込まなければならない。心を込める気持ちを維持していなければ、膨大な仕事量に、先に心が折れてしまうこともあるのだ。長くつづけていくためには、その土地への興味を持っていることが必要不可欠なのだ。

郷土料理はレシピではなく、文化そのもの。つくる人が何に感動し、関心を持っているのかがあって、はじめて郷土料理に近づけるものだと思う。

その土地に思いをつなぐことを、毎日の営業の中で思い出させてくれる存在は、やはり食材だ。d47食堂では、基本、その土地の料理には、その土地の食材や調味料を使っている。もしくは、取材した地域に近いところでつくられたおいしい調味料を使うことにしている。

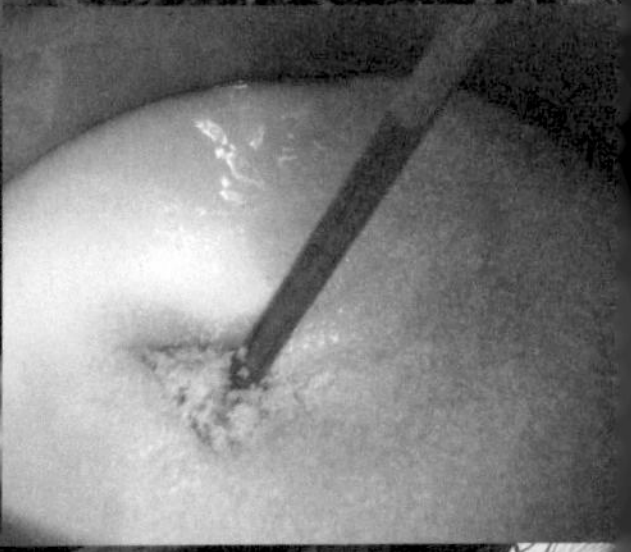

その土地の食材と調味料は、現地の味への近道になると同時に、料理人にとっては、現地から届く食材の段ボール箱を開けた瞬間、食材の匂いや肌触り、時にはその土地の新聞でくるまってきた姿が、感覚的にその土地との接点を感じさせてくれる。

味噌や醤油などの調味料は、長い時間をかけてその土地の風や水に影響を受けながら生まれていく。もはやその土地の自然の一部と言えるそれらは、触れるだけで、つくる側の気持ちの中に、言葉には表せない感覚が伝わってくるものがある。その土地の生産者の方々がいてくれることで自分たちが料理することができていると、d47食堂の料理人は日々言葉にしている。

その土地の料理をつくるとき、その土地の食材をなるべく使うことは、日々僕たちの中に「地域を丸ごと表現する仕事」をしている、という良い緊張感と、深い愛情を育んでくれる。

食材や調味料たちは、確実に僕たちとその土地とを繋げてくれる働きをしてくれている。

Photo : Nahoko Morimoto

まっとうなお出汁を基本にする

島国ニッポン。この国で暮らしていると、水が豊富にあることがあまりに普通で、その良さになかなか気づくことがない。雨量が多く、山と海の距離が近いから、川の流れが速くて、ヨーロッパのように川の水が土中のミネラル質の影響をあまり受けない。結果、軟水質の環境ができあがる。さらに日本全国どこでも、手軽に水が手に入る。本当に水に恵まれた国だと思う。

そして、和食の基本ともいえる昆布出汁は、この軟水が欠かせない。軟水だからこそ、その旨味を抽出することができるのだ。そして、出汁をとった後の昆布を捨てずに食べれば、軟水環境が原因の1つとなっている、日本人に不足しがちなミネラルを一部補うこともできる。

日本で海藻食文化が豊富なことは、日本の水質に由来する貴重な文化とも言える。

栄養成分が詳しくわからない頃から、この理にかなった海藻食文化が根付いていたのは不思議だが、郷土料理にはそういったものが非常に多い。身近にあるから食べたのかもしれないが、郷土の食文化の中に、未知の研究成果のヒントが眠っている可能性は十分にある。


D&DEPARTMENTの大阪店時代から付き合いのある、大阪の昆布専門問屋「こんぶ土居」さん。

彼らは知る人ぞ知る、昆布業界の目利きだ。d47食堂の料理の基本となる出汁の方向性は、「こんぶ土居」代表の土居純一さん、そして先代の土居成吉《しげよし》さんに相談をしながら、決まっていった。

と言っても、ｄ47食堂の出汁は材料以外は特別なことはなにもない。「こんぶ土居」の北海道産の真昆布を前の晩から水に浸して、翌日ゆっくり火を入れながら沸騰する前に取り出す。そして鰹節は、土居さんの紹介で入会した「良い食品づくりの会」がきっかけで出会った、東京の鰹節の目利きである問屋「タイコウ」の稲葉泰三さんにつくっていただいたもの。

このｄ47食堂のオリジナルブレンドの鰹節を加えて漉《こ》せば、お味噌汁や各種料理のベースとなる、ｄ47食堂の出汁ができあがる。

素材が本当に素晴らしいので、僕たちは基本に忠実に、素材を活かすことに注力することができる。ｄ47食堂の出汁取りは、家庭でもちょっと時間をかければ誰でもできることばかり。それでいて、驚くほどおいしい出汁になる。

もちろん、全国各地にそれぞれの地域で生まれた固有の出汁もある。いりこ（煮干し）出汁や、椎茸出汁、魚のアラ出汁など、料理に合わせて使い分けるのだが、それでも、d47食堂の基本は、土居さん、稲葉さんたちとの出会いから生まれた、昆布と鰹節の出汁がこの店の基本になっている。

土居さんや稲葉さんには、d47食堂で何度も出汁取り教室をしていただいた。大人向けはもちろん、子ども向けの出汁取り教室（こどもdSCHOOL「わかりやすいお出汁」P.88・93）を開催したこともある。

大人向けの教室では、天然昆布や一本釣りの鰹節の漁獲量がどのような変化をたどって危機的な状況になっているのかなど、一般的な商品との比較などを通して、産業における課題なども教えていただいてきた。その上で、全員でおいしいお出汁の基本のつくり方を体験する。

それを飲むと誰もがあっと驚くのが面白い。参加者から次々に「おいし

Upper photo : Nahoko Morimoto

い」と声が上がる。

お客さんから「現在の漁獲高が減少している状況に対して、私たちが生活者としてなにか環境に対してできることはあるか」と言う質問を受けることがある。

その時は、土居さんや稲葉さん、おふたりとも「まずは家でちゃんとした材料で出汁を取ることから」とお話されることが多かったように思う。良い食材を求めるお客さんが増えれば、その需要によって社会が変わっていく可能性は十分ある。

おふたり以外にも多くの生産者が、たとえ、今現在、添加物を入れた食品加工をしていたとしても、本来はちゃんと良いものをつくりたい、とクラフトマンシップを持っている。

しかし、高くて良いものが必ず売れるという社会ではないのも事実。生活者の意識が変わることで、小さなボトムアップが生まれ社会に影響を与えていくことは、時間はかかるかもしれないが、着実に、そして僕たちが暮らしながら、今すぐにできる最初の一歩なのだ。

一方、子ども向けの教室は、小学生以下の小さいお子さんも参加することがあるので、漁獲量や環境などの難しい話は伝えにくい。だから「本当においしいお出汁ってなんだろう？」に集中して話を進めている。

出汁のおいしさは、大人も子どもも変わらずに感じることができる。むしろ、子どもたちの方が敏感にその違いを感じ取ってくれていたように思えた。

その場で引いたお出汁を、一口含んだ子どもたちの笑顔は忘れ難い。ただ、後ろの席では、お父さんやお母さんが少し気まずそうにしている。

ほんとうにおいしいのたんけんたい

「こりゃ、明日から家でもしっかりやらないといけないな……」と、冷や汗をかいている様子がうかがえて微笑ましい。

我が子が幼い時から、ちゃんと本物を味わえる感覚を身に付けさせたいと願っている親は多い。その思いは、確実に子どもたちに伝わり、その先には、環境を考えたつくり方や質の高い食材をつくろうとする生産者の方々の未来につながる。

少し話が逸れるが、僕の出身県である滋賀県では、琵琶湖の水質が非常に悪化した時代があった。１９６０年代後半から始まった琵琶湖の水質汚染を改善するため、排水についての規制や、湖岸工事のあり方などが見直されていった。県内の子どもたちを対象に、琵琶湖の環境を学ぶ一泊二日のプログラム「湖《うみ》の子《こ》」も生まれた。そして、今もそれは続いている。

およそ30年の時を経て、僕が子ども時代には「あまり泳ぎたくないな」と思っていた琵琶湖が、今では良い季節には「泳ぎたい」と思えるようになってきている。

人が関わって生み出した環境の変化は、人がその関わり方をちゃんと変えれば、改善させることもできなくはないのだ。子どもたちに伝えていく活動は、遠回りながらも確実に未来への投資になる。

僕たちの店で使っている出汁は、先にも書いたが、同じ昆布と鰹節を使えば、誰でも簡単にd47食堂と同じ出汁を引くことができるもの。

d47食堂のお味噌汁を飲んで、おいしいと感じてもらえたら、ぜひ家でもトライしてみてほしい。少しでも多くの人が、家庭で出汁をとり、家庭で郷土料理を味わう社会になれば、良いものをつくろうとしている生産者や加工者、流通者にも良い循環をつないでいけるに違いない。

そして軟水で暮らす日本人は、ぜひ出汁を取った後の「出汁がら昆布」や「出汁がら鰹節」も食べていこう。

旨味は出汁として抽出されているが、栄養素の多くは昆布や鰹節に残っているので、昆布の出汁がらも食べるようにすれば、不足しがちなミネラル分を補うことができる。

僕たちのｄ47食堂では、出汁を取り終えた出汁がらは、そのまま「昆布の出汁がらきんぴら」など定番のおかずとして使っているが、もちろん、全ての出汁がらをすぐに使えないこともあるので、その時は、次回の出しがら料理のときまでキッチン内で全て乾燥させて保管、出しがらを100％再利用することにしている。

昆布の出しがらは、乾燥していれば保存もできるので、貯めておいて、使いたい時にまとめて一気に出汁がら料理をつくってしまうこともできる。
出汁がらが気になった方は、ぜひ土居純一さんの著書『捨てないレシピ
だしがらから考える食の未来』（ぴあ・2022年刊）も手に取ってみてほしい。

d47食堂が開発した、家庭の料理が楽しくなる万能つゆ。
弓削多醤油の「木桶仕込みしょうゆ」をベースに、こんぶ土居の真昆布、
タイコウのかつお節を使っている。

最初のおもてなしは、ぬか漬け

各家庭に、それぞれの家の味があるとしたら、ぬか漬けは、その代表的なものだと思う。ぬか床の材料は、米ぬか、塩、水、旨味のある発酵を促す食材、季節の野菜クズ、魚の頭、昆布やいりこ、鰹節を入れる、そして漬ける人の手に付いている常在菌や、その家庭の微生物たち。彼らがよく発酵したぬか床をつくっていく。

ぬか床ができたら、あとは季節の野菜などを、保存も兼ねながら漬けていく。ぬか漬けを食べることは、その家の最小単位の同居人である微生物を、家族や知人と共有するような行為。

また、地方の家だと漬物部屋は、だいたい家の一番奥の方の、湿った床下や納戸のようなところにあることが多くて、うす暗く、なんとも香しい酸味を帯びた匂いが立ち込めている。

適度な湿度もあり、さまざまなカビたちが共存していることも多い。そこは乳酸発酵を促す微生物たちにとって住み心地の良い環境になっていて、必ずしも人も同じように居心地が良いと感じるとは限らない。

郷土料理の取材で家庭を訪問すると、漬物部屋は見せたくないと思う方が多い。取材中の僕たちは、そういう場所ほど見たがるので、地域のお母さんたちには、めっきり不思議がられる。

怪訝な顔をされながらも、中をのぞかせていただくと、その風景はいつもとても美しい。それは、アートとしての美しさに近いと感じていて、「こんなものの何がいいのかね？」と地域の方からは言われるけれど、人の暮らしの奥深いところに、人間の意思を超えた素晴らしい世界が広がっているように感じられ、それが見られた瞬間は代え難い体験となる。

人が訪ねてきてくれた時には、お茶とお菓子を用意する。日本人に限らず、世界共通のおもてなしと言えるが、僕たちが地域の生産者さんのもとを訪ねる時、それは少し変わった形で受けることがある。

たとえば、農家さんにうかがうと、その方がつくっている野菜を漬物にしたものがお茶請けとして出されることがある。夏の暑い日には、よく冷えた麦茶と、よく漬け込まれた漬物が出されると、塩分と水分を同時に補給したいと体が欲しているので、田舎特有の少ししょっぱいくらいの漬物が何よりのご馳走となることがある。

その漬物は、毎日その家で漬け込むその家族の味。ハレとケがあれば、

京都のしば漬けの老舗、志ば久の熟成蔵。

間違いなく日常のケの料理。

自家製の漬物が出されると「まあ、裸の付き合いをしていってもいいぞ」と言っていただいているような気がして、嬉しくなったことがある。そんな取材時の経験から、d47食堂もそんな気持ちでお客さんをお迎えしたいと思い、定食をいただく全ての方に、店で毎日仕込んでいる自家製のぬか漬けを出すことにしている。

しかし、ぬか漬けづくりは、一度始めた以上は、毎日毎日ずっと繰り返していかなくてはならない。塩分が豊富なぬか床に、水分豊富な野菜を漬け込むと、野菜の中の水分が塩によって浸透圧が変化し、外に放出される。水は同じ場所に溜まっていると腐敗していくので、不要な水分を除き、ぬか床の菌を良い状態に保つためにも、日々のメンテナンスがとても重要になる。

そう、一度始めると、終わりのない仕事が生み出されることになる。

これは、店をやっている人には分かると思うが、ぬか漬けに限らず、日々の必須の仕事が増えるとスタッフの負荷も増えてしまう。

ぬか漬けづくりを思い立ったはいいけれど、本当に続けていけるのか、という不安があって、始める前はさんざん迷ったものだった。

現実的に「どんなことがあってもやり続ける」という重いハードルがのしかかってきたけれど、初代料理長で、今は故郷の大阪に戻って「橋の湯食堂」を立ち上げた橋本圭介くんと、まずは一回やってみようか、とやり始めてみた。

緊張しながら、見よう見真似で、東京店の奥にある小部屋（まさに漬物部屋のような場所）で、その最初の一歩を進めたときのことを、今でも思い出す。

しそ畑
・大原は、日本一のしその里。
大原の地形や気候などが、しその栽培
に適しています。
・しその品種は、先祖伝来の色・味・
香りの良いちりめん種を守り育てています。
主に伝統のしば漬や梅ぼしなどの
材料として用います。
志ば久
なるほど！大原の里

たしかｄ47食堂の開業2か月前くらいだった。ぬか床は、良い状態の時もあれば、悪い状態の時もあり、「もっとこうやった方がいいらしい」なんてことを調べながら繰り返していった。

「接着剤みたいな香りが出始めたぞ」「これはなんだ」と思う時期もあった。スタッフみんなで、味が安定してきたな、と思えるようになったのは、開業から5年くらいを過ぎた頃だったかも知れない。

今でも、ぬか床は刻一刻と状態が変化していく。「こうするともっとおいしくなったよ」と新しい発見をすることもあり、ｄ47食堂のキッチンの中でずっと改良が続けられている。

また、面白いのは、ぬか床は、漬け込む人の状態に大きな影響を受けるということ。ぬか漬けづくりを担当するスタッフが替わると、ぬか床を混ぜる手の常在菌や、味覚の違いによって、味わいが変わってくる。

ぬか漬けの酸味がやや強い時、塩分が強い時があると、つくる人の心身の状態に何か変化があるんじゃないか、と、周りも気づくようにもなってきた。

家族のケの料理だったものだとしたら、そうやってつくる人、たべる人の健康のバロメーターになっていたことも納得できる。仕事の時間は、生活の中で大きな割合を占める。その間、ずっと共に過ごすスタッフたちは、もはや第二の（大）家族と言ってもおかしくない。日々のぬか漬けづくりを通して、お互いのことを知るのは、顔色と同じくらいよく見えるものかもしれない。

d47食堂では毎朝の営業前、その日お客さんに出す予定のお味噌汁と、ぬか漬けを、全員で試食する時間をつくっている（P.19下）。

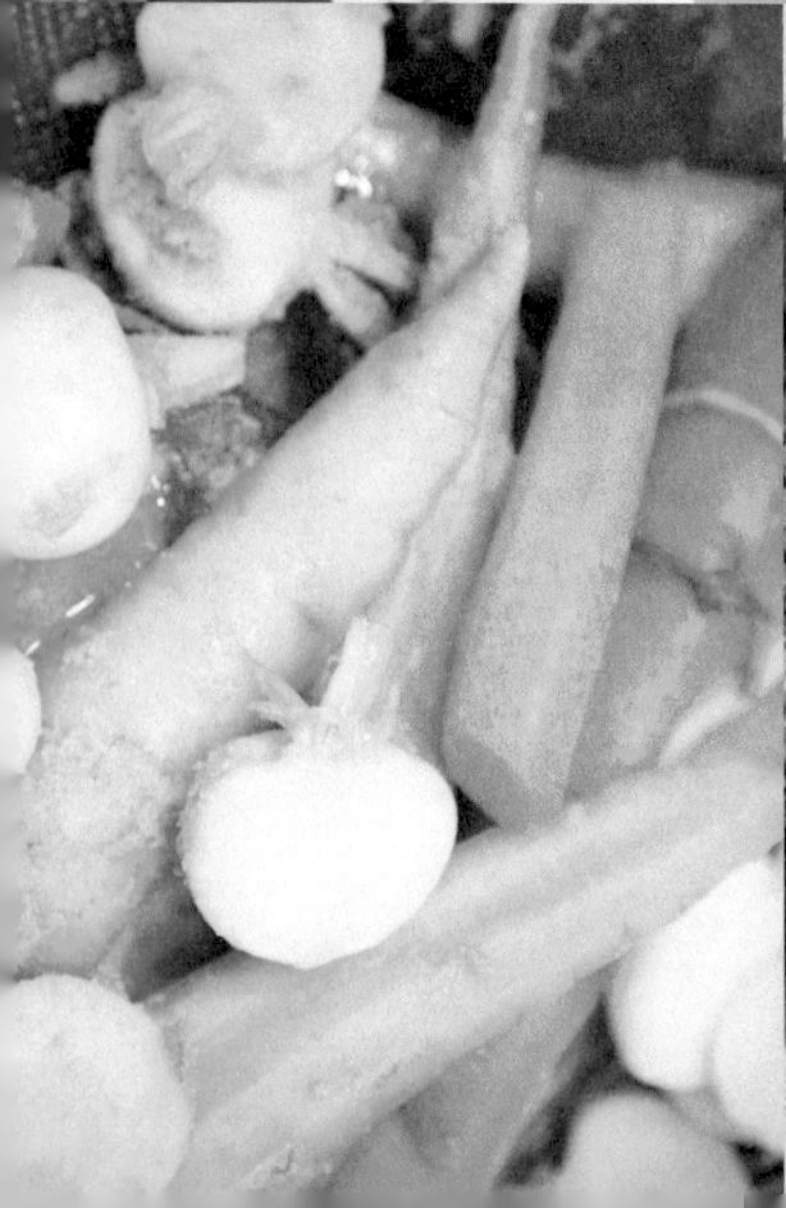

「ちょっとぬか漬けの塩味が強くなってきている」

「○○さんがつくった出汁の味はすぐわかるね！」

なんて声が上がる。それぞれの味覚の感覚を共有しながら、自分たちの店の味のベースを、意見を言い合い、共有し、続けている。

毎朝、その日出勤した全員で、店の味の輪郭を調整していく仕組みになっていて、手前味噌ながら、とても良い取り組みになっていると思う。


ぬか漬けは、たくさん仕込んで、こうやっていろんな人が意見を言いながらつくっていった方が、良いものができやすいんじゃないかと思う。なので、核家族や一人暮らしの家でぬか漬けを続けるのは、仕込む量も少なく、毎日食べきれない可能性もあるから、続けていくのがなかなか難しい場合もある。

思えば、昔はどの家庭も、庭で採れた野菜をたくさん漬け込み、祖父母がいて、父母がいて、子どもたちがいるような大家族の元で、毎日のように食べられていた。

つまり、ぬか漬けづくりは大勢で毎日食事を食べるような場所に向いている。飲食店でやる、社員食堂でやる、といった、家庭以外の第二、第三の居場所の中で大勢で取り組んでいくようなことに、今の時代としてはむしろ相性がいいのかもしれない。

ぬか漬けづくりは、今となってはｄ47食堂には欠かせない存在となった。お客さんからの要望もあり、自家製ぬか漬けをつくれるようになるためのワークショップ「d SCHOOL わかりやすいぬか漬け」を2020年から定期開催している(P.112・117)。

少ない人数の家族でも、ぬか漬けづくりを続けることはできる。なるべく多くの方が、自分の家の味をつくってもらえることはうれしい。きっと、友人を招いたときにも、ぬか漬けは良いおもてなしの一品になるに違いない。

そして、ぬか漬け教室の参加者が、ご自身のぬか床の状態がちょっと心配になったら、d47食堂の営業時間に来てくだされば、店頭でぬか床の相談をさせていただく、というサービスも喜んでいただけた。

もうちょっと詳しく話が聞きたい、という方もいらしたので、過去の参加者のためのフォローアップ講座も始めてみた。

フォローアップ講座のぬか漬けを見ると、みんなそれぞれの家の味が確かに出来上がっていて、とても面白い。時には、あまり良くない方向で発酵が進んでしまい、担当の料理人の中山小百合が、確認のため決死の覚悟で試食、お腹を壊しかけている姿も見かけている。ぬか漬けを教えるのは、案外命がけの仕事だなと感心するばかり。

野菜の保存技術だったぬか漬けは、おもてなしにも、健康状態を測る物差しにもなる。

d47食堂のぬか漬けづくりや、ワークショップを通して、d47食堂が、スタッフもお客さんも含めた、一つの大家族のような、家庭のような場所になっていけたらと思うようになった。自家製のぬか漬けを出しながら、「おかえり」と言えるような場所になっていきたい。

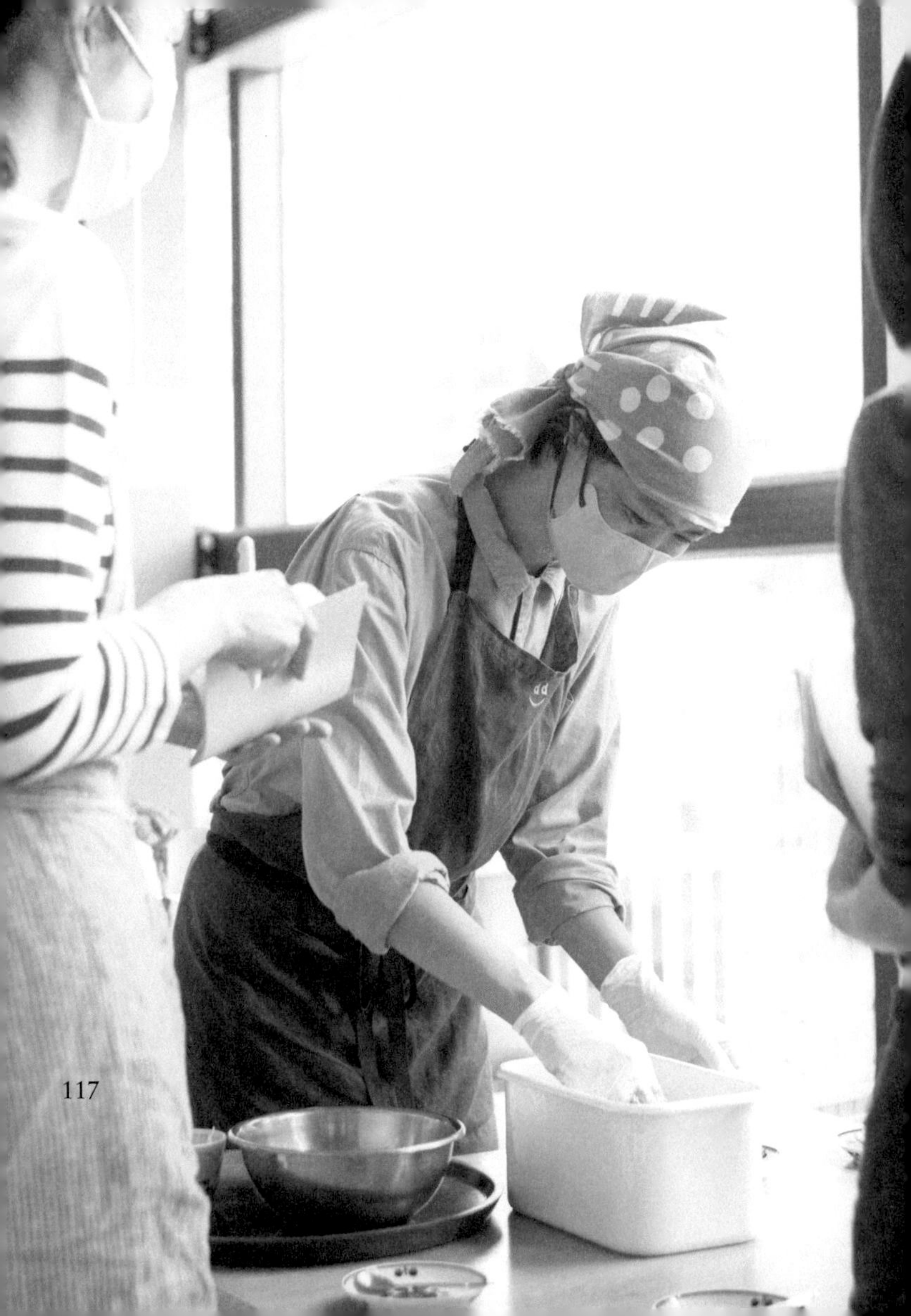

接客マニュアルはつくらない

大きな店で働いた飲食業経験のある方は、店を動かしていくスキルが高い。しかし、一緒に仕事をしてみると、そのスキルの多くが「店を回す」ためのものになっていると感じることがあった。このスキルは、店をやっていると必要なものではあるけれど、それに支配された瞬間から、他の飲食店と同じような店になってしまうと感じていた。

スタッフは仕事に慣れると視野が広くなっていく。それはとても良いことで、次の仕事、次のお客さん、次のやるべきオペレーションが常に頭の中で並行して動き出すようになる。店の仕事全体を想像できるようになり、多くの仕事は円滑に進んでいくようになる。

しかし、今、目の前のお客さんを思って動いていることよりも、「いかに店を回すか」が、言動やちょっとした所作に表れてしまうようにもなっていく。接客や仕事がスムーズで流暢であればあるほど、居心地の悪さを生み、伝えたいことが多いd47食堂では、逆効果だと思えた。

たとえばレストランで、目の前でスタッフが料理の説明をしている時、

「この説明が終わったらあのテーブルに行こう」

「次はあのテーブルで下げものをした方がいい」

と頭の中で次の仕事が始まっているサービススタッフを見かけることがある。

それは、本人が思っている以上に、相手には伝わっている場合がある。料理の説明の途中でサービススタッフを見ると、すでに次の仕事の方へと

目線を向けていたり。お客さんから帰り際に「ありがとう」と言葉をいただいても、スタッフとお客さんの目がしっかり合わない、みたいなことは誰しも経験があるはずだ。

席数が多い店に行けば行くほど、スタッフ一人一人に任された仕事は多く、そうでもしないとうまく店が回らないという事情はわかるけれど、それでは、伝えたいことも伝わらない。

僕たちの店も、60席を超えるので同じことは起こりうる。「店を回そう」と言う意識が強くなり過ぎて、いつの間にか自分の仕事をうまく進める(回す)ためのスピードが、お客さんをいかに回転させるか、と言うスピード意識に置き換わってしまうことがある。それは接客なのだろうか。サービスなのだろうか。僕は違うと思ってしまう。

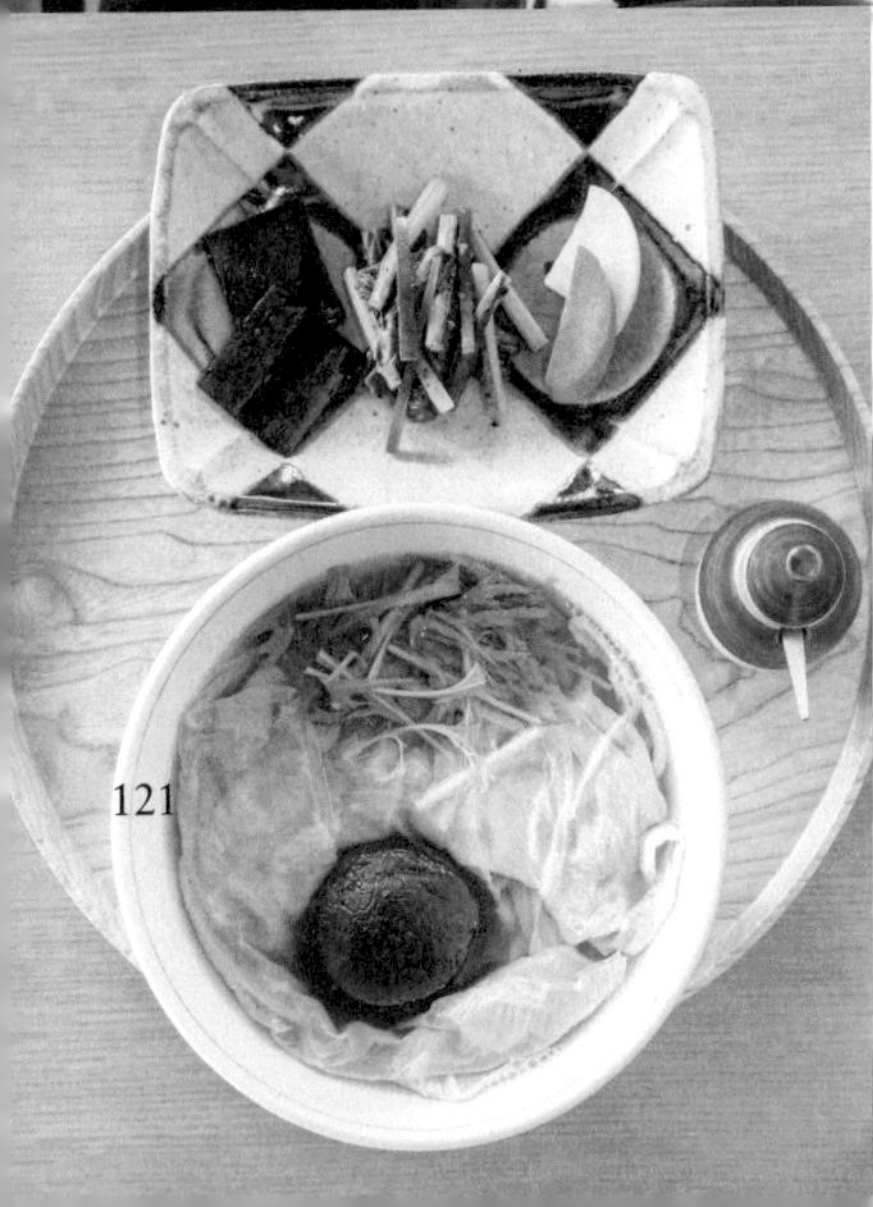

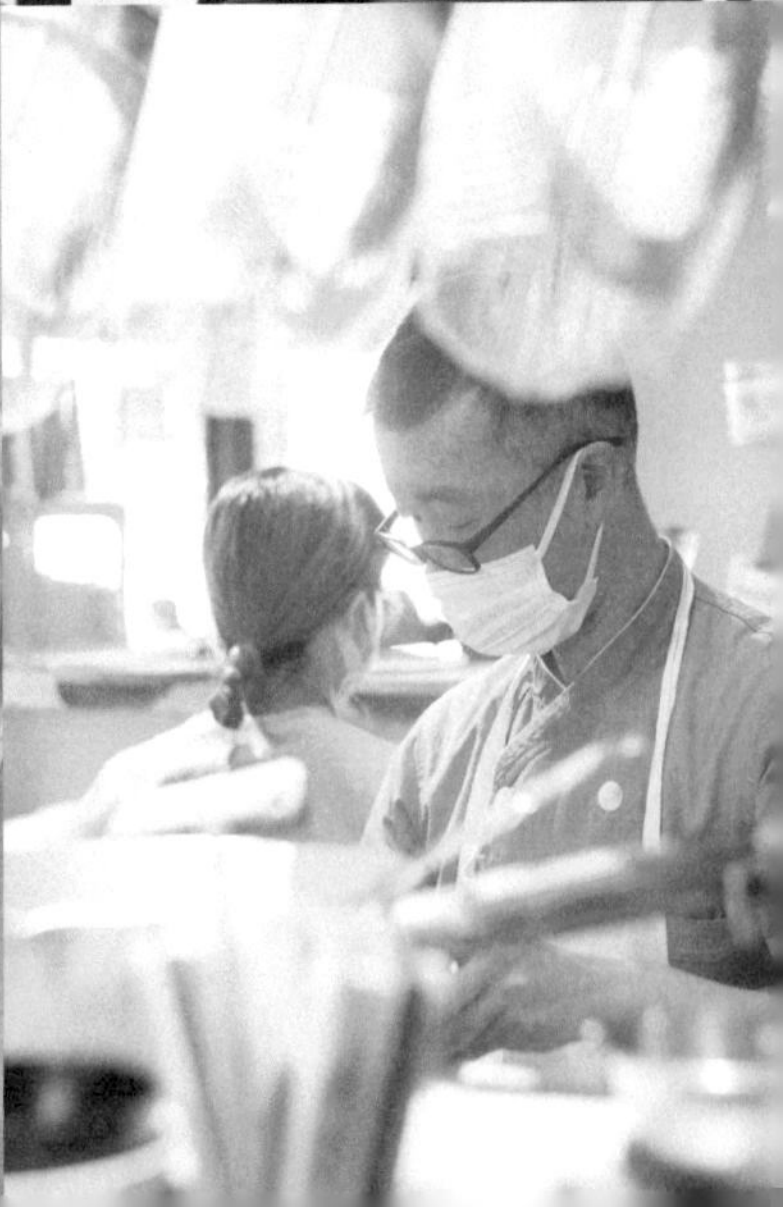

たとえ不器用でも、目の前のお客さんのことにちゃんと向き合っているスタッフからは、やはり心を感じることができる。その瞬間、その瞬間を、しっかりと心を通わせながら、伝えることができるかを大事にしたい。接客やサービスという仕事は、多くの作業を同時にこなしながら、それでいて、心を込めて何かを伝える仕事との両立をしなくてはならない。

そこには明らかに、働く人たちのセンスが必要になる。「回す」と言う意識は何から生まれているのかと思った時、それはセンスとは真逆の存在と言える店舗マニュアルの存在が課題じゃないかと思った。

d47食堂を立ち上げるため、最初の採用面接を行っていたとき、僕たちは、サービススタッフたちほぼ全員を、飲食未経験者の中から採用した。経験者が悪いわけではないが、前述のような「回し癖」が浸透してしまっては、その上に何を積み上げても、本当のところ、良い接客はできないと考えたからだ。
「お客さんに本当に伝えるべきこと」に集中できてこそ、d47食堂のあるべきサービスの姿を達成できると考えた。

完璧さよりも、楽しいとか、ワクワクするとか、お客さんもスタッフも食のロングライフデザインに興味を持つようになるとか、そういうことを自分たち自身が、お客さんと共感し合えるような接客を目指したい。

d47食堂で、開業時に入社して、その後、二代目店長となった内田幸映《ゆきえ》というスタッフがいる（P.124左上）。長く広告関係の仕事をしていた内田は、飲食業は全くの未経験。加えて40歳を超えての転職だったこともあり、彼女は「役に立たないと思ったら、いつでもはっきり伝えてください」と口癖のように言ってきた。

CHUMS

しかし、ただの一度も僕が彼女に辞めてもらうなんて思ったことはない。なぜなら、彼女は店を回すテクニック、いわゆる飲食業スキルのようなものはあまり持っていなかったが、人に魅力を伝える力や、人を思う力がある。

それは、お客さんだけに向かったものではなく、スタッフにも、生産者の方にも、分け隔てなく、心を込めて関わることができる人だった。僕は、彼女のような、人としての魅力やセンスを持つスタッフに、この店をステージにして活躍してもらえることが、僕たちがなりたいお店につながっていくと思った。

内田幸映と出会ったことで、d47食堂が目指す方向は間違ってはいない、と自信を持てるようにもなった。

今彼女は、d食堂 京都の店長を務めている。入社当時と変わらず、多くの人に愛され、人のための仕事に努力を惜しまない姿を、僕は今でも心から尊敬している。

d47食堂の開業前の採用を飲食未経験者を中心にしたことに加えて、もう一つ挑戦したことがある。

それは、回す意識をつくり出す原因とも思えた「接客マニュアル」をつくらない、ということだった。

もちろん、何もないとどこに向かうかもわからないので、接客マニュアルをつくらないかわりに、この店が大事にしたいことを書き記したものを用意し、入社するスタッフひとりひとりに、店長が説明することにした。

接客の答えは、いつでも相手と自分の間にあると思っている。

相手のことを想像し、提案して、喜んでもらえたときに、その答えがやっとわかるようなものなので、必ず全員が「このように言う」「あのように言う」と決められたものでは成立しない。

お客さんも、同じような方だけが来店されるわけではないので、マニュアルで接客が良くなるということはない。

お客さんは、みんな違う個性を持った違う思考の方々。こちらもその都度、接客のやり方を変えなくてはならない。つまり、相手を想像するセンスが問われる。

接客マニュアルよりも、スタッフ自身が、想像して考えるほうが絶対に良い店にできるに違いないと考えた。時間はかかるし、たくさんのクレームをいただく可能性があるかもしれないが、接客マニュアルをつくらないことが、いつも「どうあるといいか」と考え続けることを大事にするスタッフに育ってくれると思った。マニュアルがないほうが、必ず将来性があると。

そうした中、スタッフが終礼のやり方をアップデートしてくれたことがあった。それは、毎日、営業終了後に、今日あった出来事を共有し、伝達ノートに「もう少しこうしよう」と書き残していく方法だった。

そして、翌朝の朝礼で、昨晩の意見交換の中で決まったことが全員に共有されていく。それを、今も日々続けてくれている。

開業時を支えてくれた、飲食業未経験のメンバーたちが、対話の中で一つ一つ自分たちのやり方を見つけて、仕事の仕方を生み出してくれた。

もし、あえてマニュアルをつくるとしたら、「悩んだら対話をしよう」と言うことかもしれない。

スタッフは入れ替わっていくからこそ、そのときにいるメンバーで意識的に対話をして仕事を進める、というやり方は非常に重要だと感じている。

もしいつか、自分たちのことが自分たちでも見えなくなってしまうような

定食取材の旅で得たことをまとめたスタッフのノート。
取材に行かなかったスタッフに、現地で感じたことを伝えていく。

非常事態になってしまっても、対話をしながら取り戻していこうと思う。

開業から10年以上たった現在、おかげさまで、各地の味を体験できて楽しい、とおっしゃってくださる多くのお客さんにご来店いただいている。本当にありがたいことだ。

飲食店のサービスの仕事は、店内のしつらえがあり、接客があり、メニュー表があり、料理があり……。そのあらゆるものをつなげて、自分たちの目指している居心地の良さやメッセージを、総合的に表現していくことだ。

僕なんかもスタッフの急な体調不良や、スタッフに欠員が出ている時期に、現場に入ることがある。

前夜のうちに掃除機をかけておき、営業前の朝の掃除では掃除機で取り切れなかったホコリなどを、粘着クリーナーをコロコロ転がしながら隅々まで取っていく。アジフライの小さな衣が拾えたら、また一つ誰かの居心地の良さをつくることができたと嬉しくなる。

そして、そんな小さなことの中から生まれた気づきが、また、一つお店を良くしてくれるスタッフ同士の対話につながっていく。


接客は「表現する」という仕事である以上、やはりセンスが重要になる。センスを説明することは難しいし、言葉で教えられるものでもないので、多くは語れないのだけど、接客はファッションや音楽のようにとてもセンスを要する仕事で、終わりがないほど成長していける仕事でもある。

僕からすると、どんなにおいしい料理も、それを生かすも殺すも、接客やサービスのセンス次第だと言い切れる。日本では接客やサービスの仕事が他の仕事よりも軽視されがちだが、僕たちにとっては、料理と同じように、とても大切な仕事だ。

旅は人を育てる

地域の郷土料理を取材する旅の途中、その移動手段の基本は、1台の車。現地でレンタカーを借りて、3〜4日かけて移動する。

取材時間は、生産者の方は1時間半から2時間くらい。3度の食事は（場合によってはそれ以上）それぞれ1時間程度、移動はなるべく県内を順繰りに巡るために最も効率が良い行程を組む。

もちろん、取材先の方のご都合をうかがいながら行程組みをしていくので、その調整をするために取材前に2週間程度はかけている。

そして、取材と取材の間の社内の移動時間では、日ごろ話せないことをスタッフたちとたっぷりと話すことに当てる。このたった数日の時間ではあるけれど、決められた議題を設定したミーティングでは話せない、積もる話ができるとても有意義な時間。なるべく感覚的なことの共有や、取材先の感想を共有し合うことにしている。

僕が担当している「飲食店のディレクター」という役割は、いったい何？と思われるかもしれない。

端的に言うと、店のありたい方向性を考え、時に企画し、時に小さなルールを変更したり、スタッフの悩みも聞けば、考えていることを聞き、店の方向性を修正していく。チームを動かしながら目的地に行くための道筋を考える仕事だと考えている。

別にディレクターがいてもいなくても、飲食店自体は成立するのだけれど、僕は、意識的に店が向かっていく方向性や、何を大事にしていくかを常日頃スタッフたちに対して壁打ちのような存在になって、対話し続けることを大事にしている。

D&DEPARTMENTの海外一号店であるソウル店で、d47食堂をその国に落とし込んだ業態を立ち上げれないか、という話をしていた時、その店の料理を担当してもいいと言ってくれる、あるオーナーシェフの方が関心を持ってくれた。

結局、その仕事は流れてしまったけれど、何度か話をしていた時に、気になる言葉をいただいた。

「d47食堂の韓国版の店として求められる料理はできるだろうけど、d47食堂のような活動をするとしたら、どういった生産者のものを扱うか、どういった料理を紹介するか、一つ一つ、一緒に対話をしながらプロジェクトを進めていくやり方を望む」と言われた。

国が違えば、文化も違う。僕たちがやってきたことがそのまま当てはまらないこともあるだろう。だからこそ、対話をしながら進めていくディレクターの役割にも意味があるのかもしれないと思えた。

これまで僕はディレクターとして、スタッフたちと対話することに多くの時間を割いてきた。d47食堂の開業から、おそらく100人以上のスタッフを採用し、そして見送ってきた。多くのスタッフたちと接してきた中で、成長する人の特徴というか、成長する決定的瞬間というのを感じたことがある。それは、「その人自身が、身をもって心底何かに気づく」瞬間だったように思う。

定食開発のための取材旅は、新たな料理に出会い、新たな生産者に出会う旅となり、毎回が新鮮な出会いの連続で、とても刺激的な時間となる。

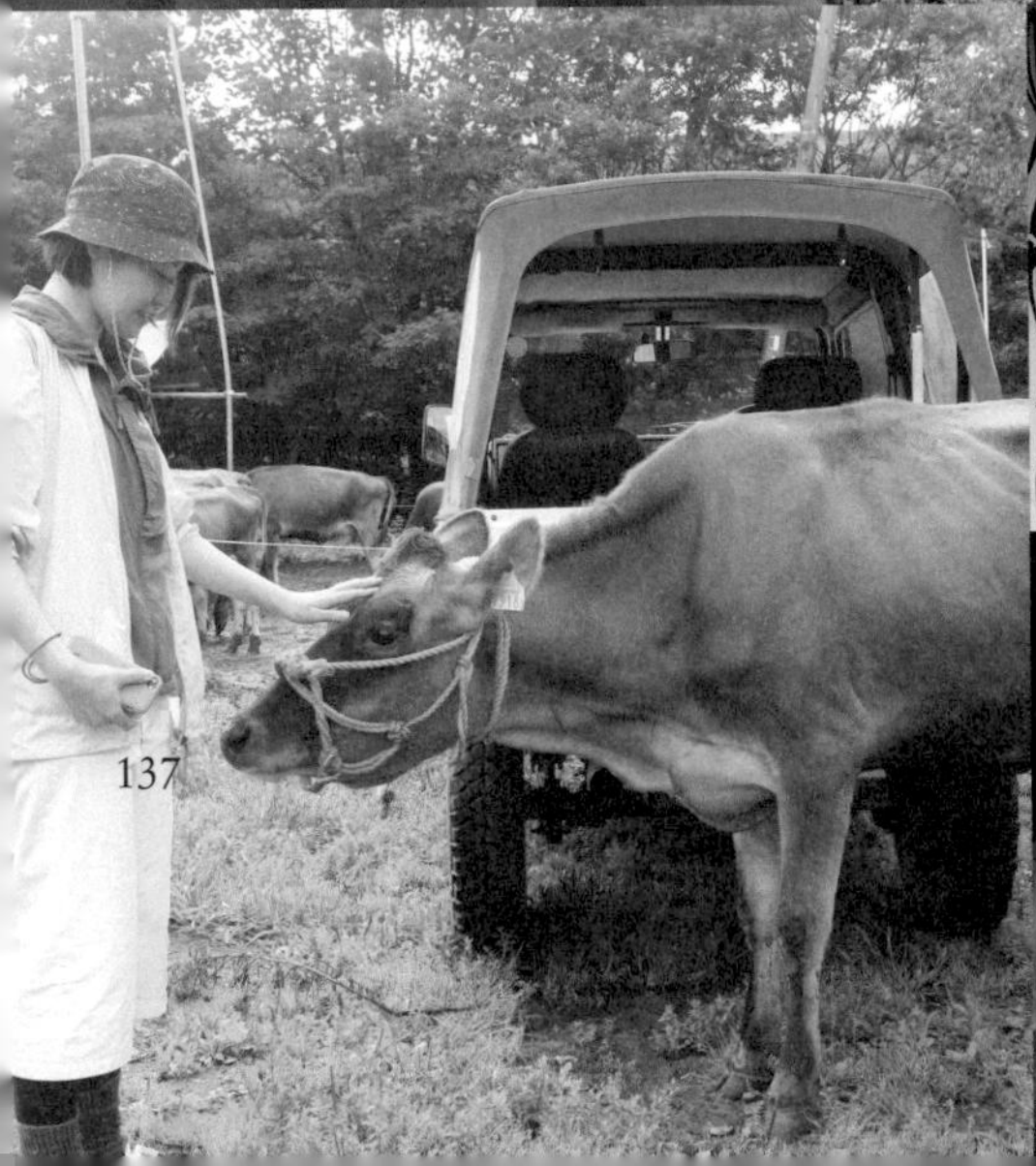

波切節

定食開発取材の担当は、毎回、僕と、サービススタッフ1名、料理人1名の3名でチームをつくる。そして、スタッフの中で取材担当が順に巡っていくようにしている。

店を代表してその土地に足を運び、新たな学びと新たなご縁を、d47食堂につないでいく。定食をつくりあげるのは料理人だが、それを伝えるのはサービススタッフたち。ふたりの連携が周りのスタッフを巻き込むような力強い渦をつくることができてはじめて、その思いをお客さんに伝えることが実現されていく。

定食開発の取材を担当することになったスタッフは、その奇跡のような出会いの連続を繰り返す旅を通して、自分が店を代表して取材している、という自覚が強く芽生えていく。そして、そこで学んだことをみんなにバトンタッチしなくては、という責任感も増していく(P.129)。

身をもって体感することは、たとえ遠回りでコストがかかるやり方だったとしても、本を読むことや、誰かから間接的に教えてもらうことよりも、ずっと得られるものや、気づきを得られる可能性は高い。そう思えば、現地取材にかかる時間も費用も、大した投資ではないなと思える。

何かの壁をぶち破って、自分の気づきを得て成長したスタッフたちを何度も見てきた。定食開発の旅は、いつも僕たちのスタッフを育ててくれている。

そして、同時に、もう一つ感じることがある。それは、気づく力を身につけた人は、他の人の仕事や、お客さんがどう感じているかを想像できるようになる、ということだ。

旅だけに限った話ではないが、自分で気づくことができるようになると、そこから他の人に対して想像力が働くようになっていく。

接客の仕事は、先にも書いたが、常に、相手であるお客さんと自分との

間にこそ正解があると考えてきた。相手のことに気づけるかは、接客という仕事にとっては、とても重要な素養となる。そしてそれを、接客のセンスと言い換えることができると思っている。

例えば、生産者の素晴らしさを自分が身を持って体験し、深い感動をした人は、他のスタッフが体験してきた感動にも、自分ごとのように共感できる想像力が養われていく。

料理を提供する仕事は、どこまでいってもチームの仕事。チームのメンバーと共感しているものが多ければ多いほど、良い仕事を生み出していけるし、それをお客さんに伝える瞬間に、自分から伝わる言葉が出てくるようになる。

何度も繰り返して書いているが、僕たちは、食材の生産者の方々がいなければ、料理をすることはできない。同様に、その土地で長く郷土料理がつづいてきた土着的な食文化がなければ、僕たちがその土地を「食」で表現することはできない。

地形や風土、歴史や風習、親から子へと脈々と伝え継いできた文化の集積への感謝を持って、今の自分たちが、その中でどういう役割を持っているのかを、いつも考えている。

店舗を飛び出して、これだけ日本各地、津々浦々で多くの出会いを得られる飲食店は、そんなに多くないだろう。各地で見つけた学びも、縁も、どれもスタッフたちが、たとえd47食堂を卒業したとしても、その後の一生つながっていられる実りになると思っている。

そして、気づく力を養い、想像力を持って伝えることに取り組んでいくd47食堂のスタッフたちの姿を見ると本当にたくましく感じる。店は、社長のものでも、ディレクターのものでもない。そこにいる現場の人たちのものだと心底思う。

郷土料理を取材する旅を通して、気づく力、想像する力を身につけることが、僕たちの食堂がやっている、ほとんど唯一と言って良い教育プログラムと言える。

静岡定食

ワサビ漬け／静岡茶／あおさ汁／釜揚げシラスと桜エビの丼／黒はんぺんのフライ／生ワサビ

料理：駒月健一

岐阜定食

鶏(けい)ちゃん／赤カブ漬け／煮たくもじ／味噌汁と飛騨山椒粉／鮒味噌／どぶろく

料理：中山小百合

佐賀定食

白石レンコンとイカの煮物／ユズ胡椒／ふなんこぐい／有明海苔／温泉湯豆腐／羊かん

料理：加藤めぐみ

山形定食

六田麩の唐揚げ／ミズの叩き／芋煮／おみ漬け・やたら漬け／菜っ葉飯／庄内柿

料理：加藤めぐみ

大分定食
鶏の唐揚げ・とり天／りゅうきゅう／だんご汁／シイタケの炊いたん／きらすまめし
料理：大塚麻衣子

鹿児島定食

ガネ／さつま揚げ／ゴーヤ黒酢漬け／鶏飯（けいはん）／ボンタン漬け／茶節

料理：中山小百合

千葉定食
アジのなめろう／茹で落花生・煎り落花生／イワシのつみれ汁／房州ヒジキ／寺田本家のお酒
料理：高田未央

群馬定食

生芋コンニャクの田楽味噌／おきりこみ／カツ丼／焼きまんじゅう

料理：岡竹義弘

愛知定食

味噌おでんと串カツ／すぶて／しろたまりのお吸い物／菜飯（なめし）と豆腐田楽／生せんべい

料理：岡竹義弘

奈良定食
柿の葉寿司／月ヶ瀬の番茶／三輪素麺／林州梅干し／奈良漬け／富有柿
料理：加藤めぐみ

神奈川定食

シュウマイ／マグロの角煮／けんちん汁／十郎梅／蒲鉾（かまぼこ）／落花生の煮豆

料理：中山小百合

福島定食

凍(し)み餅のじゅうねん味噌／イカニンジン／ニシンの山椒漬け／三五八(さごはち)漬け／こづゆ／オタネニンジン茶

料理：植本寿奈

香川定食

いりこうどん／おでんと酢味噌／ひゃっかの雪花／醤油豆／ジャガイモ天・ちくわ天

料理：植本寿奈

越後妻有定食
けんちん汁／棚田米／フキノトウ味噌／味噌豆／豚しゃぶ（やたらのせ）／煮菜（にいな）／打ち豆／雪下ニンジンジュース
料理：岡竹義弘

茨城県央定食

カナガシラの丸干し／けんちん汁／わら納豆／つと豆腐／ほしイモ3種食べ比べ

料理：中山小百合

159

高知定食
ブリぬた／四万十海苔の味噌汁／田舎寿司／ブンタン／栗羊かん／イモ天／
仁淀川の摘み草ブレンドティー
料理：岡竹義弘

2

郷土料理って
おもしろい

四季と共にある、大地の料理

日本の四季が世界的にも特徴があるとしたら、春、夏、秋、冬がほぼ同じ長さということだ（昨今は少しそのバランスも変化してきている気配があるが……）。南北に長い日本列島だから地域差はあるが、どの地域の人々も、だいたい冬が明けて春になると、寒さで縮こまった冬の状態から体を起こすように、酸味や苦味を欲していく。

3年に一度、「大地の芸術祭 越後妻有《えちごつまり》アートトリエンナーレ」が開催されている新潟県十日町市。芸術祭の運営をしているNPO法人 越後妻有里山協働機構の取り組みには以前から注目していた。

中でも里山に点在する棚田の景観を守るため、耕作放棄地を農地として活用している「まつだい棚田バンク」事業に、d47食堂は法人会員として関わり、d47食堂のスタッフも、季節が巡ると田植えや稲刈りに2019年から参加している。

芸術祭の告知を兼ねて、十日町の郷土料理を取材しながらd47食堂で出す「越後妻有定食」の開発をしたこともある。

現地で生産されている「つなんポーク」や、アスパラガス、正月料理でもある根菜たっぷりの「けんちん汁」や、塩漬けの菜葉と大豆の打ち豆をいりこと酒粕《さけかす》で煮た越冬料理「煮菜《にいな》」など、新潟県十日町市の四季をぐるっと収めた定食をつくり、今も続くd47食堂の定番メニューとなった（P.157）。

期間限定で「d7まつだい棚田バンク MUSEUM」をオープン、棚田に暮らす人たちの食文化を紹介する「棚田のお米のまわり展」を開催したことも（P.168上・169下）。

開催に当たり、棚田のある7つの集落に住んでいるご家族を訪問した。一つの集落につき、一つのご家庭にうかがって、縁の下の温度が安定した場所でサトイモを保存している様子や、山菜を乾物にした後、新聞紙に包んで茶箱に入れ屋根裏で大切に保存する方法など、寒さが厳しい山里で越冬するためのさまざまな知恵を見学させていただいたこともある(P.76)。

山里の集落は、時にとても閉鎖的なこともある。だからこそ、その土地の文化を守ってこれた、ということでもある。

しかし、十日町のお母さんたちは、2000年から芸術祭に積極的に参加し、運営事務局の方たちと一緒に芸術祭をサポートしてきたこともあり、僕たちをとてもオープンに迎え入れてくれた。

もちろん「こんなところ見ないでよ～」と、ちょっと恥ずかしそうにしていることもあったけど、僕たちがお話を聞きながら感激していたり、振

る舞っていただいた食事を大喜びでたくさん食べるものだから、見学の途中からは、親戚の孫たちでも相手にしているような、笑いの絶えない取材となることが多かった。

そうやって、僕たちd47食堂のメンバーは、十日町に暮らす方々を、季節ごとに何度も訪問して、親交を深めてきた。

春から初夏にかけて、十日町を訪れるたびに、フキノトウ、アサツキ、カタクリ、ヨモギ、ウルイ、コゴミ、タラの芽、コシアブラ、ワラビ、ゼンマイ、フキ、ミズ（ウワバミソウ）……など、この地に自生するたくさんの山菜が、次々と短い旬を迎えていく姿を見ることができた。

山菜に含まれる苦味が、体の奥底から、春の訪れを感じさせてくれて、その土地に暮らす誰もが、顔をほころばせながら、山菜を食べている。採れたての山菜を天ぷらにして食べさせてもらったが、やっぱり天ぷらこそ、山菜の一番おいしい食べ方だと思った。揚げると苦味が和らいで、それでいて、山菜のみずみずしさも味わえる。衣の香ばしい食感と山菜の相性も抜群だ。

山里では厳しい冬が明けたらすぐ、春の山菜摘みなどの「暮らしの仕事」で大忙しとなる。それも、十日町の人たちにとって、生きている喜びを体いっぱいに感じる忙しさとなっているように思えた。

十日町に年2〜3回ほど、季節が巡るたびに通っているうちに、僕もスタッフも、東京の暮らしではそこまで意識していなかった、四季と食材、その食べ方を強く意識するようになっていった。

夏になると日本中で、キュウリにトウガン、ゴーヤ、ズッキーニ、カボ

17 35.30
9 11 6
0 0 0.92
1 0 1 1

米
米
米
米
米
米
米
清水

チャ、メロン、スイカなど、熱帯に分布するつる植物のウリ科の野菜が、目まぐるしく育つ。
どれも水分が多く、熱くなった体を冷やしてくれて、夏バテ対策にもなる野菜だ。野菜から摂った水分は、ゆっくりと体に吸収され、体内で水分が長持ちしてくれる。

夏の越後妻有でも、シャキシャキとした独特な食感がある繊維質のイトウリ(糸瓜)を使った甘酢漬けや、たまり漬けをいただいた。
どれも夏の暑さの中でも食欲をそそる一品で、芸術祭と連動して「大地のおかず」という郷土料理の瓶詰めシリーズを立ち上げた時にも、イトウリのたまり漬けは目玉商品だった。

夏に食べられる郷土料理は、他の県でも充実している。山形県の定食取材では、キュウリ、ナスなどの夏野菜と、ネバネバした食感の納豆昆布（がごめ昆布の細切りを乾燥させたもの。水で戻すとネバネバする）を合わせた「だし」。

宮崎県の定食取材では、炒ったいりことゴマ、味噌、豆腐をすり合わせ、キュウリやミョウガを加えた「冷や汁」などがあった。どれも、夏でもしっかり食欲がわく料理ばかり。

それらをよく冷やし、あったかいご飯にぶっかけて、勢いよくすすって食べる料理が、日本の夏の風物詩と言える。


日が短くなり、じわじわと秋の気配がただよう頃、田んぼの風景も、稲の収穫期に入り、畦《あぜ》で育った大豆も青々とした枝豆から乾燥して、夏の緑から一面の黄金色に。

畑では、サツマイモやジャガイモ、ニンジン、ダイコンなどの根菜類が収穫期に入っていく。根菜は体を芯から温めてくれる効果があり、秋から冬にふさわしい食べ物だ。

秋からはいよいよ煮物の季節がやって来る。誰でも小さい頃、学校帰りに近所の家から煮炊きの匂いがただようと、一気にお腹が空いて夕飯が待ち遠しい気持ちになった記憶があるはず。


山形では、もはや奇祭とさえ思えるのだが、盛大な芋煮祭り「日本一の芋煮会」が開催される（P.173）。河原でバーベキューをする時の定番アウトドア料理が芋煮だというのがそもそも面白いが、この芋煮会では、直径6・5メートルの大鍋にサトイモ、牛肉、ネギなどを入れて、大量の薪で炊き、ショベルカーで具材を混ぜたら、クレーン車で蓋を開ける、と言う尋常ではないスケール感。山形県民の芋煮好きは、いよいよここまできたか、ともはや呆気にとられたほど。

本格的な冬に入ると、その年の新米を使って、全国の酒蔵では、日本酒

フェスティバル
フェスティバル
KIRIN
山形市の水道

の寒仕込みが始まる。魚市場では脂ののった魚が出回り、人も冬の寒さに負けないエネルギーを体に蓄えたくなる。

高知県では、脂ののったブリやシイラなどに、葉ニンニク・白味噌・ゴマ・砂糖・ユズ酢を合わせた「ニンニクのぬた」を合わせて食べる。ニンニクの香りにユズの香りが重なり、口いっぱいに広がる。パンチがあって、明日のことさえ心配しなければ、ずっと食べ続けたくなる。

しかし、心配はご無用。おもてなしを大事にする「おきゃく文化」がある高知県民にとって、二日酔いと、ニンニクの臭いは、「ようやった」と褒められることがあるらしく、高知にさえ来てしまえば思う存分食べることができる。

おおらかと言うか、のんべえというか、高知の人たちはとっても愛嬌があるのだ。脂ののった魚と一緒に、キレのある日本酒を熱燗《あつかん》にして喉を通せば、冬の寒さはもはや恋しい存在になる。

冬の寒さがなければつくれないものといえば、岐阜県の寒干しダイコンや糸寒天、茨城県の干しイモや凍《し》みコンニャク、福島県の凍《し》み餅など、どれも涼しく乾燥した冬の気候の中で、寒風に晒《さら》してつくる乾物だ。福島県石川郡の凍み餅生産者「ふるさと工房おざわふぁ〜む」さんの凍み餅を、彼らのご自宅の土間でいただいた記憶は、はっきりと焼き付いている。

凍み餅の材料は、餅米、うるち米がベース。そこに繊維がしっかりとしていて、餅をつなぐ効果がある「ごんぼっぱ」（多年草の「雄山火口《おやまぼくち》」P.177左上）が練り込まれている。水を含ませ干して凍らせて、を何度も繰り返し、見た目も重さもまるで軽石（!）のような凍み餅ができあがる。聞けば、江戸時代に東北地方を襲った天明・天保の飢饉《ききん》の際に生まれた生活の知恵だそうで、常温で10年以上も保存ができるのだという。

水に戻して、さっと焼いて、「じゅうねん味噌（えごま味噌）」を付ければ、香ばしくて歯切れがよく、もう何個でも口に運んでしまえる。大人も子どもも、みんなが思わず嬉しくなる農家のおやつ。

これは、僕の人生史上最高の餅だったと言ってもいい。当然、d47食堂の福島定食（P.155）の主役は「凍み餅のじゅうねん味噌」となった。

冒頭にも書いた、新潟県で開催される大地の芸術祭「越後妻有アートトリエンナーレ」は、2000年の開始当初から「人間は自然に内包される」というテーマが掲げられていた。

旬の料理が、不思議とその時に体が欲しているものになっていることは、「自然の中で人も生きている」ことを実感させてくれる。

郷土料理は、必ずどこかの地域のどこかの季節に、欠かせない存在になっている。郷土料理を食べていると、人も大きな自然の中で生きていることを素直に感じる。環境変化に応じて、いかに自然と共生しながら暮らしていくのか、未来の生き方を模索する必要がある今の時代にこそ、古くからその土地に適応して続いてきた郷土料理の中には、そのヒントがたくさん隠されているように思える。

人間が自然の一部として持続的に暮らしていく方法論を、実は僕たちはすでに体得していたのだ。それを取り戻すだけで、これから求められる暮らし方に十分に近づくことができる。

うどん
左100 メートル
山内

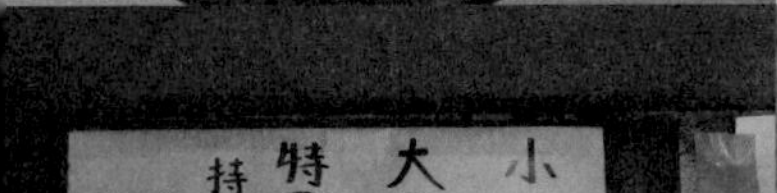
小（1玉入）160
大（2玉入）240
特（3玉入）320
持ち帰り
うどん一玉 80
だし 一合 70

うどん

自由奔放な日本のうどん

ｄ47食堂が出す県別の定食は、ご飯の定食と、麺の定食に分かれている。米の生産が中心の県か、小麦の生産が中心の県か、という地域性に大きく影響を受けているのだ。

日本各地には魅力的な麺料理がたくさんある。

ｄ47食堂と同じフロアで運営するd47MUSEUMでも、2015年に47都道府県のご当地の麺を展示した「47麺 MARKET」展を開催をしたことがある。

これまでにｄ47食堂でつくった麺の定食は、香川県の「いりこうどん」（P.156）、埼玉県の「武蔵野うどん」、三重県の「伊勢うどん」、群馬県の

「おきりこみ」（P.151）、大分県の「だんご汁」、奈良県の「三輪素麺のにゅうめん」（P.153）、富山県の「大門《おおかど》素麺」……、どれもおいしく、列挙するだけでもヨダレが出そうになるほどだ。

香川県は今では誰もが知る「うどん県」。

現地で必ず立ち寄りたいのは、やっぱり製麺所を兼ねているうどん屋だろう。どの製麺所の店内も、出汁の香りが漂い、うどんを茹《ゆ》でた湯気であふれている。民家の間にぽつりとある製麺所に、外まで行列が伸びている店もある。

香川県の降水量の少なさが小麦の栽培に向き、製麺所やうどん店が多いことにつながってきた。製麺所が運営するセルフのうどん店では、自分でうどんをザルに入れ釜で温め、出汁をかけて薬味を盛り、好きな天ぷらを選んで自由にアレンジできる。大胆なスタイルが楽しい。

取材中、天ぷらの具材で特に気に入ったのは、下味を付けて揚げる「ジャガイモ天」や「コンニャク天」。ジャガイモやコンニャクにしっかりと味が付いているだけでもおいしいのに、衣をまとうことで、うどんと食感の差が出て、一緒に食べると相性抜群だとわかる。

また、香川のうどん店は、サイドメニューに「おでん」がある店も多い。うどんの茹であがりを待つ間に食べる、ということらしいが、日本のファストフード代表のうどんをこよなく愛する香川県民は、まったくもってせっかちが過ぎる(笑)。

と言いつつ、取材中、うどん店の店内におでんコーナーがあると、確かに嬉しかった。おでんには、辛子酢味噌をドバッとかけるのが、香川の人たちの食べ方。焼き豆腐や、さつま揚げ(地元では「天ぷら」と呼ぶからややこしい)も外せない一品だ。

うどんの出汁は、それぞれの店が工夫を凝らしている。いりこの最良の漁場が香川県の伊吹島周辺。愛媛県との県境に近く、この県西エリアには、いりこ出汁の店が多い。

いりこの目利きと、加工をする「やまくに」の山下公一さんご家族に、いりこ漁を貸切船で見学させていただいたことがある。伊吹島周辺で水揚げされたいりこは、伊吹島や燧灘《ひうちなだ》周辺の網元、愛媛県の網元に持ち帰られる。周囲5・4キロの小さな伊吹島の海岸にある加工場は、漁場と近いため、最短で約30分。鮮度が命のいりこは、すぐさま海水を使って洗浄と煮沸が行なわれる。

山下さんイチオシのうどん店が、善通寺市の宮川製麺所（P.185右下）。ここの「いりこ出汁」は、いりこが持つやわらかい甘さと澄んだ旨味《うまみ》で、何杯でも出汁を飲めてしまうコクがある。店にうかがった日の出汁の鍋の

中には、8センチ以上もある大羽《おおば》のいりこが入っていた。

宮川製麺所でのオススメの食べ方は、出汁の鍋の底のいりこをそっとすくって器に盛ること。そして、まず出汁だけでうどんをすすってほしい。おろしショウガや七味唐辛子などの薬味は、後から味変《あじへん》として使うと、何度もいろんな味を楽しむことができる。早朝の宮川製麺所の出汁は、どんな高級料理にも負けていない、と断言したくなる妙味。うどんと、いりこ出汁のある日本で暮らせて、僕は本当に幸せ者だ、と宮川製麺所に行くたびにありがたい気持ちになる。

宮川製麺所は、宮川のお母ちゃんとの会話も名物の一つなので、そこもぜひ楽しんでほしい。香川のうどんは、釜あげうどんや、釜玉うどんなど、さまざまスタイルはあれど、僕たちがつくる定食は、いりこの生産者の山下さんや宮川製麺所の真摯《しんし》な仕事がこれからもずっと続いてほしいと願う気持ちと、お二人への最大級のリスペクトを込めて、d47食堂の「香川定食」

は、いりこ出汁のうどん「いりこうどん」にすることにした（P.156）。

小麦の生産県は、北海道がダントツのトップ。九州では福岡県や佐賀県、関東では群馬県や埼玉県などが生産量ランキング上位に入る。消費量は、香川県が他を圧倒するけれど、現地を旅する定食の取材で、うどんの種類が一番豊富だったのは、埼玉県だった。

埼玉県民の方に「埼玉の郷土料理は？」と聞くと、ほぼ即答で「うどん」と教えてくれる。埼玉では昔から、細く長く幸せが続くように、という願いを込めて、祝いの席で手打ちうどんがつくられてきた。

秩父の「おきりこみ」、加須《かぞ》の「すったて（冷汁うどん）」、深谷の「煮ぼうとう」、本庄の「つみっこ」など、埼玉県内には地域ごとにさまざまな麺料理がある。ちなみに、埼玉県は周囲を7都県と接するため、それらのうどんは、県をまたいだ郷土料理となっているものも多い。

新戒ねぎ直売
正田

うまい!

元祖
田舎っぺ
きのこ汁うどん
年中無休

数ある埼玉県のうどん店の中で、「武蔵野うどん」の元祖として知られる「元祖田舎っぺうどん 北本店」(P.188右下)は、やはり元祖たる存在感があった。「武蔵野うどん」の特徴は、ガシッとした食感の、強過ぎるほど強い麺。店内のメニューもシンプルに「きの子汁」「肉ねぎ汁」「なす汁」だけ。「うちの武蔵野うどんは他とはこう違う」といった自慢げなところがないのも、潔くて痺《しび》れた。

「武蔵野うどん」は濃い味付けのつけ汁に、うどんをひたして食べる。「肉ねぎ汁」は、肉の旨味もコクも加わって、個人的に一番のオススメ。ちなみに、「元祖田舎っぺうどん 北本店」ではピリッと辛味の利いた「名物きんぴら」を頼むこともお忘れなく。埼玉県には「朝まんじゅう、昼うどん(夜はそれらの残り物)」という言葉もあり、地元の方々は、とにかく小麦製品をよく食べていた。案の定、埼玉県の定食取材では、僕たちも小麦ばかり食べていた気がする。

香川県のうどんは「コシ」。埼玉県の「武蔵野うどん」はコシとは違う。表現が難しいが（埼玉の方には怒られるかもしれない）、もはやコシを超えた「硬さ」がある（笑）。

埼玉県では、うどん店をハシゴすることは、アゴが疲れてなかなかできないが、取材では連日、昼時に3軒のうどん店を巡った僕たち。もはやこれ以上は何もお腹には入らない、と白旗をあげたい気持ちだったけれど、その硬いうどんに病みつきになってしまったのも、事実。ふと時間が経つと、また埼玉県のしっかりしたうどんが恋しくなってしまう。

逆に、福岡県のうどんは、うどんをすすっているうち、残ったうどんがまたさらに出汁を吸って太くなり、いつになったら無くなるのか……と思うほど、のびにのびて、クタクタになる。

うどんはコシを楽しむものと信じている方には想像もできないだろう

が、やさしく、おいしいのだ。これもまた何度も食べたくなる。ちなみに、福岡ではうどんのお供に「ごぼう天」が欠かせない。

福岡のうどんのさらに上をいく、もはや日本一軟らかいうどんと言えば、d47食堂の「三重定食」でも紹介した「伊勢うどん」。あと一歩で離乳食、と思うほど軟らかく、表面はすでに溶け始めているようなざらつきがある。そこに、たまり醤油と濃厚な出汁のかけつゆがしっかりと絡み合ってくれる。

秋田県のつるっとした稲庭うどん、富山県の細くモチッとした氷見《ひみ》うどん、濃厚な愛知県の味噌煮込みうどん、麺の幅が数センチもある群馬のひもかわうどん……、ともはや挙げればキリがない。

各地のご当地うどんには、本当にそれぞれ個性がある。なので、うどんはこうでなきゃ、という既成概念は捨てていい。うどんの世界を自ら狭めてはいけない。郷に入っては郷に従え。

各地のうどんは、その土地流を楽しむべし。うどんは、各地の産業に、各地の生活に深く深く紐《ひも》づいている。その土地のうどんを、その土地流の食べ方でいただくことで、その土地の生活文化を体験するきっかけにつながっていく。

グループ
団体 様 お部屋有ります
どうぞご利用下さい
釜揚げ
牧のうどん 本店
歓迎
牧のうどん
営業中
お客様出入口

港や魚市場の活気と、魚食文化

ｄ47食堂の定食の取材では、一つの県の食文化を取材する時に、大きく分けて「海の食文化」「山の食文化」そして「町の食文化」を見ていく。どこから見てまわると効率的か、いつも頭を悩ませる。

47都道府県中、8県を除いて、ほとんどが海に接しているので、必ずそれぞれの土地に港があり、ほぼ必ずどこかの漁港には顔を出すようにしてきた。漁港には、水揚げされた魚や、そこで働く人や活気など、早朝の港に行かなければわからない特有の魅力がある。

ほの暗い早朝から朝焼けまでの地球が目覚めるような静寂の時間は、深く青い海と空がつながる景色が美しく、海のそばでしか味わえない。しばらくすると、港に灯《あか》りがともり、船から作業の音が響き、競りが始まり、港の食堂にも賑わいが出てくる。静寂さから活気へと、一気に目まぐるしい変化を遂げる港町の朝。僕たちd47食堂のチームが港を好きになってしまう理由はそこにある。港に併設された市場や食堂を物色し、そこで朝ご飯をいただくことも多い。

神奈川県の小田原漁港や、静岡県の沼津港などは、すでに街全体が、港を中心として観光地化され、地元の人だけじゃない人もたくさん集まってきているが、早朝だけはちょっと違って、働く人や地元の人の生活が垣間見れる。

逆に、岡山県岡山市の中央卸売市場は市場も広く、観光客が少ない印象だったが、活気にあふれ、市場併設の飲食店街が、岡山港やここで働く人

たちの歴史を全て見てきたような存在感があって、とてもよかった。旅に行ったら、ぜひ魚市場での朝ごはんを試してみてほしい。

さてここでは、海に近い地域で食べられる「海の食文化」の郷土料理にも触れたい。

ぐるっと三方を海に囲まれた千葉県では、それぞれの海域に特色がある。東京湾では、海苔やアサリの養殖、スズキやカレイなどの網漁があり、東京湾と太平洋の海水が合流する内房を中心に、アジやヒラメ、スズキ、マダイが獲れる。

千葉の郷土料理は、なんといってもアジに味噌や薬味を入れ、粘りが出るまで包丁で叩いて食べる「なめろう」だ。

千葉でおいしい「なめろう」を出してくれる店は、注文後に、トントンと厨房から叩く音が聞こえてくることが多い。叩き置きせず、手間を惜しまずに注文が入ってから叩くことで、粘りの中にも柔らかさがある、本当においしい「なめろう」ができあがる。

銚子や九十九里海域にかけては、南下する寒流の親潮と、北上する暖流の黒潮が出会って、日本有数の漁場となる。銚子漁港は日本一の水揚げ量でも知られる港。

ここでよく獲れる魚はイワシだ。新鮮なイワシは、刺身や海鮮丼でもおいしいが、僕が千葉県の取材中にいただいた中では、「つみれ汁」が絶品だった。火を入れた温かい汁物につみれを入れる。つみれ自体からも出汁が出るので、鮮度のよいイワシでなければ、汁の風味に大きく影響を与えてしまう。千葉で食べたつみれ汁には、つみれも、その出汁が出たすまし汁のどちらにも、イワシ自身の新鮮さを明確に感じることができる。イワシは「鰯」と書く。魚偏に弱いと書くほど、傷みやすく、新鮮でないとおいしくない。イワシの臭みが苦手……と言う人は、まずは千葉の漁港あたりで、イワシの刺身や、つみれ汁を食べてみることをおすすめしたい。かく言う僕もそのひとりだ。

千葉の「なめろう」のように叩きはしないけれど、細切りにしたアジやブリに、たっぷりの旬の薬味をのせて食べる「りゅうきゅう」という料理が大分県にある。

これは、d47食堂が初期からメニューに取り入れた料理の一つだ。

大分は、国東《くにさき》半島、別府湾など、県東部が海と接している。他の県と同じように、新鮮な魚介はまず刺身で食べられていることが多い。しかし、刺身が残った時、醤油がベースのタレに漬け込み、ネギやミョウガなどの薬味と、大分の名産カボスをぎゅっと搾って食べる「りゅうきゅう」に出会えたことで、僕からすると、新鮮な魚があったら、刺身よりこっちが食べたい、と思ってしまうほどだった。

実は、僕たちが大分の郷土料理「りゅうきゅう」に出会ったのは、大分県の定食開発をするずっと前だ。都内にある大分県のアンテナショップに併設された、懐石料理「坐来大分《ざらい》」の当時の料理長・梅原陣之輔さんに、大分の食材や郷土料理を教えていただく中で、「りゅうきゅう」のつくり方を教わったことがきっかけ。

「りゅうきゅう」は非常にシンプルな料理だ。その時期に獲れる海の魚に、発酵で生まれた調味料と、平野で育てられた野菜、山で育まれた柑橘と、まるでその地域に、その季節に収穫できるものたちが相性良く組み合

12

1.6
1.5

わされている。梅原さんは、そのことを「出会いもの」と呼んでおられた。季節で出会う、とは、和食の考え方を物語る魅力的な言葉だなと思えた。

地域の地形や気候、それら全体が一つの料理にまとまったものが郷土料理なのだと認識させてくれた。

僕が郷土料理をこんなに好きになっていくきっかけになった料理の一つだったと思う。

冒頭でも書いた中央卸売市場が楽しい岡山県は、標高の高い北部から瀬戸内海へ、3つの大きな川、吉井川・旭川・高梁《たかはし》川が流れていて、山のミネラルが豊富に含まれた水が、たっぷり流れこむ恵まれた環境がある。米づくりにも良いことはもちろん、川の水が流れ込む沿岸では小魚がたくさん獲れる。

ニシン科の小魚ママカリは、酢漬けや、焼いて南蛮漬けに。また、耳石がとても大きなイシモチ（実際、料理する時に頭を取ると1センチほどの白い石が出てくる）は、頭を取って、天ぷらや唐揚げに。

倉敷の郷土料理店でいただいた「イシモチの甘酢揚げ」は揚げた衣に、甘辛いタレがよく絡んでとてもおいしい酒の肴。大人げなく、2度3度とおかわりをしてしまった。

他にも、甘エビより甘みと旨味が強いガラエビは出汁を取ってナスと煮浸しに。小さいアミエビは冬が旬でダイコンと一緒に煮付ける「アミ大根」に、シャコは蒸しただけでもおいしく、イイダコや、5センチたらずのイカ「ベイカ」は煮付けに。

沿岸に集まる15センチに満たない小さな魚たちを、これほどおいしく食べる食文化が日常にあるのは珍しい。岡山県の小魚料理は、のんべぇにはたまらない郷土料理ばかりだ。

d47食堂の「岡山定食」では、メインの「備前ばら寿司」の両脇を、「イシモチの甘酢揚げ」「ガラエビ出汁と茄子の煮浸し」という小魚食文化で固めることとなった。

同じ瀬戸内海に面する愛媛県では、タイやアジ、メバル、エソなどが獲れる。タイは、愛媛県の東側の東予《とうよ》地方では、炊き込みご飯にした「鯛めし」が主流。

県の南側の南予《なんよ》地方の宇和島では、生卵と、タイの骨から取った出汁を混ぜて、薬味と一緒に温かいご飯にぶっかける「宇和島鯛めし」が食べられていた。同じ「鯛めし」という名なのに、地域の東西でこうも違う。

また、愛媛県西側の明浜《あけはま》では、タイの刺身が残ったら漬けにして、それを「宇和島鯛めし」のように生卵と混ぜて食べる「日向飯《ひゅうが》」がある。

これは愛媛県の定食取材中に、無茶々園《むちゃちゃえん》のミカン農家さんの家で一緒につくらせていただいたのだけれど、とてもおいしかった（P.204右下）。ちなみに、日向飯は、日振島《ひぶり》の漁師飯だったことから「ひぶり」がなまって「ひゅうが」になったという説や、日向国（現在の宮崎県）で食べられていたから、など名前の由来には諸説あるそうだ。

ちなみに他にも、愛媛県ではエソという魚を使った「さつま」という、宮崎の「冷や汁」に近い料理があったり、大分ではマグロをゴマだれで和えて丼にした「ひゅうが丼」があったりする。

豊後水道を隔てた九州と四国のエリアには、名前は似ているけど少し違う、魚を使った魅力的な郷土料理が多い。僕たちもよく混同してしまう。水軍が発達していた地域だけに、九州と四国の交流が食文化にも大きく影響し合っているのだろう。

長崎の「アジフライ」、高知の「ブリぬた」、東京にも、伊豆大島に伝わる白身魚を唐辛子醤油で漬けにした「べっこう丼」など、d47食堂で県別の定食に入れたり、定番メニューにしてきた魚料理は多い。

d47食堂では、魚のメニューの時、刺身や一般的な海鮮丼にはしない。流通が発達したことで、日本中ほぼどこでも新鮮な魚を手に入れることができる。今でも各地のロードサイドの海鮮丼屋は人気があるけれど、僕たちd47食堂がおすすめする魚の食べ方は、朝の港の市場食堂や、夜、地元ののんべえが集まる酒場で出てくるような、その土地の魚を、その土地流で料理したものだ。

その理由はやっぱり、その土地でしか食べられていないものを味わう以上の楽しみはないから。

禁煙

最後に、ちょっと面白い港体験談を一つ。

それは、京都府北部の日本海沿いの伊根《いね》町に行った時のこと。伊根町の漁港はそんなに大きくはなく、鳥と猫がそこかしこにいる牧歌的な光景。元々この地域は、海に面してずらりと並ぶ船のガレージともいえる「舟屋」から船を出して漁に出ていた。もちろん今も舟屋を現役で使っている方はいるけれど、今は舟屋の趣を活かして飲食店や宿にしているところも増えている（P.208）。

そんな舟屋の料理宿「鍵屋」さんに、僕たちが宿泊した時の話。朝、鍵屋さんでくつろいでいると、伊根漁港から町内放送が流れてきた。宿のご主人、鍵賢吾さん、美奈さんご夫妻に聞くと、「漁の状況が町の放送で流れるようになっている」と言う。

鍵さんが一緒に行ってみましょうか、と誘ってくれた。港に向かって歩いていると、町のそこかしこから、魚を買うためにバケツを持って港に集まるたくさんの町の人たちに出会う。

宿をやっている人もいれば、普通に自分の家のために買う人もいて、港に水揚げされた新鮮な魚をそれぞれが目利きして、その場で買い付けて帰っていく（P.209）。

これは小さな漁港ならではの光景だったのか、他県の取材でも小さな漁港に行く機会はあったけど、町の人たちが自由に港に魚を買いに来る様子は見たことがなかった。そんな港が近くにあったら、それだけでその土地に暮らしたいと思ってしまう。

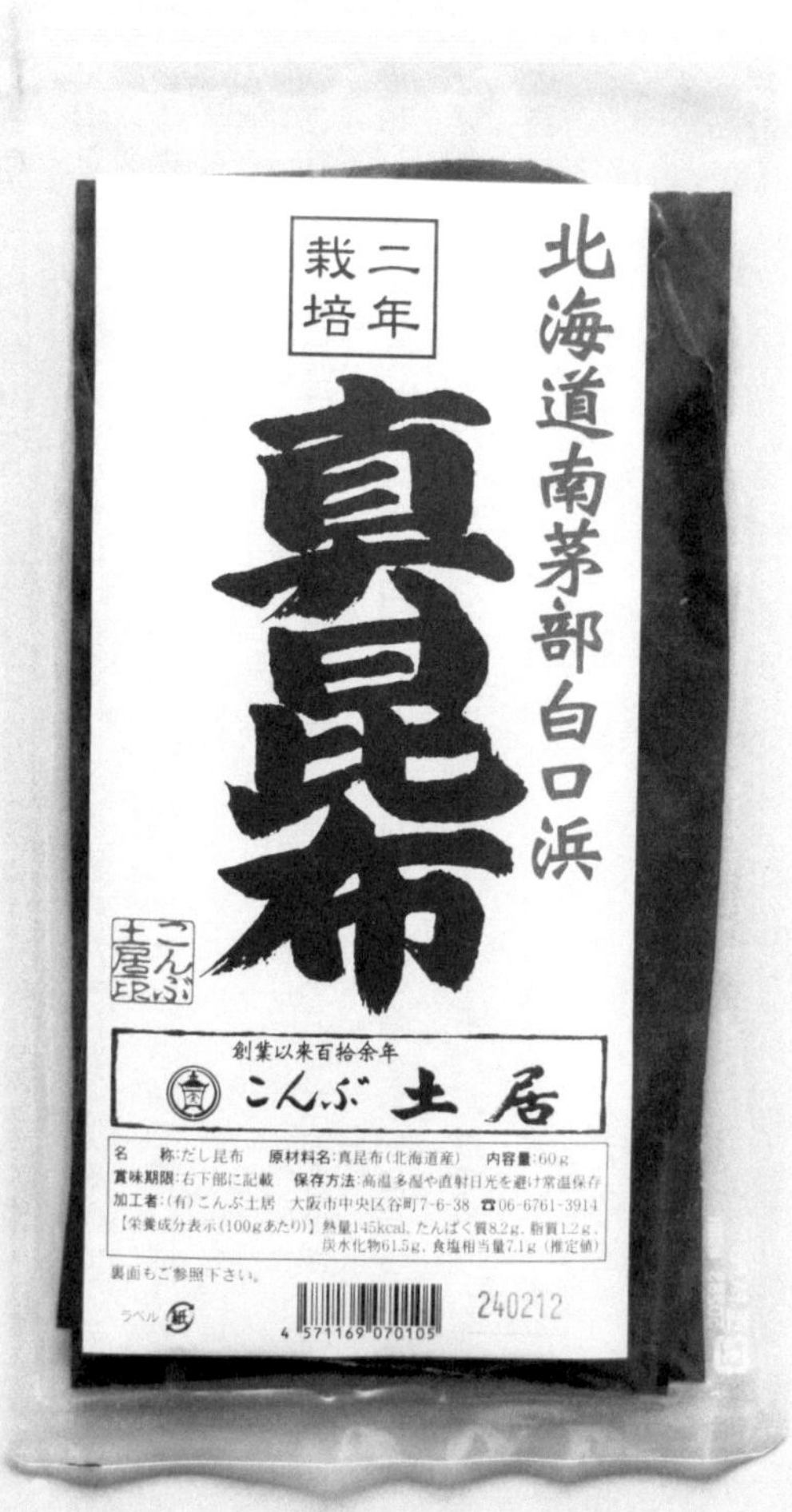
北海道南茅部白口浜
二年栽培
真昆布
こんぶ土屋印
創業以来百拾余年
こんぶ土居
名　称:だし昆布　原材料名:真昆布(北海道産)　内容量:60g
賞味期限:右下部に記載　保存方法:高温多湿や直射日光を避け常温保存
加工者:(有)こんぶ土居　大阪市中央区谷町7-6-38　☎06-6761-3914
【栄養成分表示(100gあたり)】熱量145kcal、たんぱく質8.2g、脂質1.2g、炭水化物61.5g、食塩相当量7.1g(推定値)
裏面もご参照下さい。
ラベル 紙
4 571169 070105
240212

海の恵みの乾物と、創意工夫

新鮮な鮮魚に続き、日本海側の食文化で欠かせない食材は、北海道で水揚げされた海産物の乾物たち。その代表格はやはり昆布だが、身欠きニシンや、マダラ（真鱈）の干物である棒タラなど、良い出汁になる乾物も多くて、日本中に流通している。

そういった乾物を使った料理の分布が多い場所は、共通して、江戸時代から明治時代にかけて盛んだった、北海道の乾物を運んだ北前船文化の影響が色濃く残っている。北前船は北海道の乾物を東北、北陸、若狭、山陰を経て、瀬戸内海に入り、遠く天下の台所、大阪に届ける、と言うルートだった。大阪の昆布出汁文化は、北前船文化によって形成されていったのだろう。

海から離れた山の地域では、海産物と言えばこの乾物を主に指していた時代もあった。今となっては、さまざまに流通が行き渡っているので、もはやそうは捉えられていないだろうけれど、しかし、乾物が持つおいしさがあってこそ、根付いた食文化は多い。

北海道産の昆布は、日本の生産量の9割以上になる。広い北海道の沿岸でぐるっと一周、それぞれ特性の異なる昆布が生息する。代表的な昆布は、北部の利尻《りしり》昆布、道東の羅臼《らうす》昆布や長昆布、道南の真《ま》昆布や日高昆布など。

d47食堂では、開店以来、自分たちがこの食堂を始めるきっかけになった、大阪の「こんぶ土居」さんが扱う、香りも旨味もバランスよく、澄んだおいしいお出汁を取ることができる真昆布を使うことにしている。

もし、土居さんと出会っていなかったら、また違った昆布を使っていたかもしれない。いや、それはもしかしたら、この食堂をやっていなかったかもしれない。誰と出会い、誰とこれからの未来を一緒に並走していきたいと思うかは、大切にしたいことなのだ。

富山県は、昆布の消費量がとても多い県。昆布出汁に限らず、昆布そのものもよく食べる。「昆布巻き蒲鉾」「昆布締め」が、富山の郷土料理。これまで、d47食堂では、2種類の「富山定食」をつくってきた。1度目は「とろろ昆布おむすび（高岡昆布飯）」を、2度目は大門素麺の中に「昆布巻き蒲鉾」を入れた。

余談だが、富山の郷土料理を取材中、富山市にある一日一組限定の店「キッチン花水木」のオーナーシェフ田中裕信《ひろのぶ》さんがつくってくれた「鯛の昆布締め」は、記憶に強く残るほど、昆布の旨味が凝縮したもので、素晴らしいものだった（P.217）。

富山と昆布の食文化は切っても切れない。同様に、沖縄も昆布の消費量が非常に多い。

飲食店経験を経て沖縄に移住した、空間デザインやプロダクトデザインを手がけるデザイン事務所「Luft《ルフト》」の桶田千夏子さん。桶田さんの料理に、僕は心から感動してきた。そんな桶田さんから、沖縄ではあまり出汁取りに昆布を使わず、「クーブイリチー」など、主に昆布を食べる郷土料理が伝わっているとうかがっていた。

「良い食品づくりの会」の元会員の中に、沖縄の伝承料理のお惣菜を製造販売する「花ぐすく」がある。故・花城《はなしろ》ツル子さんがご存命の頃、取材にうかがったことがある。

「サーターアンダーギー」や、「結び昆布」のつくり方を教えていただいた。

とにかく手の動きが早く、均等な長さで昆布が結ばれていく様子に、同行した料理人も呆気にとられていた。

沖縄では伝統行事として4月初旬に、親族が一堂に集まり、墓前で先祖を祀《まつ》る「清明祭《シーミー》」がある。そこでは重箱料理を持ち寄るのだが、その中に、この「結び昆布」が入れられる。

沖縄も他の地域と同じで、少しずつ、伝統食をつくれる人が減っていると聞いた。高齢になっても、ずっと、ずっと料理をつづけてこられたのは、文化を伝えていくためだったに違いない。

あの世とこの世をつなぐ「清明祭」。「結び昆布」を見るたびに、ツル子さんのことを思い出す。厳しいけれど、あたたかい、そんな印象だった。あの時食べた、揚げたての「サーターアンダーギー」は温かくおいしかった。

滋賀県や、福島県の会津地方のように、海と接点を持たないところでは、乾物が本当に重宝されてきたことがわかる。

滋賀県では、タラを素干しした棒タラとサトイモを煮た「いも棒」や、「ニシンの昆布巻き」などが冬の郷土料理として知られていて、d47食堂の「滋賀定食」では「いも棒」を登場させた。

実は、この時の「滋賀定食」の取材先は、僕の実家(P.220)。手前味噌ではあったけれど、d47食堂の料理人や、当時の『d design travel』編集部の面々も集まってくれて、僕が想像していた以上に面白がって食べている姿を見ていると、やはり、実際に住んでいるほうからすると日常になり過ぎていて気づけないものがあるんだな、と実感した。そして、そんなスタッフたちを見ている母親はとても嬉しそうだった。自分はこの味で育ち、今ここに、こういう味覚と感覚で働いている。その礎《いしずえ》に、母の料理があったとあらためて認識した時間となった。

海から遠い滋賀県にとって、「海の幸」は刺身などの鮮魚ではなく、乾

物が基本だった。これは、実は福島の会津地方でも同じような話を聞いた。

福島の内陸にある会津地方は、この地域から日本海側に流れ込む阿賀野川があることから、日本海に面した新潟と交易があり、ニシン、スルメ、貝柱、棒タラなどの乾物が手に入ったと言う。そこで、会津でとれた山の幸と、海の恵みの乾物を組み合わせる郷土料理が生まれていった。

身欠きニシンを酢漬けにした料理「ニシンの山椒《さんしょう》漬け」、細切りのスルメイカとニンジンを甘辛いたれに漬けた「イカニンジン」、干し貝柱の出汁で、サトイモ、キクラゲ、ニンジン、シイタケ、糸コンニャクを煮た「こづゆ」、「棒タラの煮物」など、海のものを使った山の郷土料理が生み出されていった。

いずれも会津地方ではハレの日には欠かせない料理。「魚はないが煮肴はある」という言葉に残っているように、乾物料理が魚食の中心的役割を担っていた。そう、滋賀県も、新潟と縁のある福島県の会津地方も、どちらもやはり北前船の乾物取引ルートの影響がある。日本の郷土料理にとって、北前船が繋いだ各地の交易は、非常に重要な存在だったと言える。

海のものを乾物にした食文化は、まだまだたくさんある。

いや、出汁を使ったものも含めば、ほとんどの日本の郷土料理は乾物料理だと言えるかもしれない。乾物にすることで、保存や流通を可能にし、さらに旨味を凝縮させるなどの食文化が日本の各地の多様な出汁文化、旨味文化、郷土料理を発展させた。

新鮮な魚が身近になかった地域には、それぞれの創意工夫が色濃く残っていたように思う。しかし、そのどれもが、地元のおばあたちによって大切になんとか守られている、という状況であることも伝えておきたい。

あえて、「おばあ」と書いたが、実際、それらの海の乾物を使った山の料理を紹介してくれ、食べさせてくださったのは、80代のおばあたちが多かった。今となっては新鮮な刺身がいつでも食べられるし、どんな洋食料理のレシピもインターネットで簡単に知ることができるので、自分たちの地域に古くから伝わる伝統料理を次の世代、またその次の世代へとは伝えていくのは難しいとおっしゃっていた。

かわいい孫や子どもたちがハンバーグを食べたいと言えば、おばあたちも、求められる料理をつくろうとするもの。それは間違っていないけれど、子や孫が大きくなり、「ああ、冬が来たらおばあがつくってくれたあの煮物の味が恋しくなる」という年頃は必ずやって来る。郷土愛を育むことや、物心つく頃から味わったことで、日本人らしい情操教育ともなっていたに違いない。

大人になり、子どももできたりすると、あの味を食べさせてやりたいと思うものだ。おばあたちの料理の存在は、本当にその地域の歴史や文化を表す宝物だとあらためて思う。

今の80歳以上の方々は、地元に伝わる郷土料理をリアルにつくって家族に食べさせてきた最後の世代。過疎化や少子化が進む山間部では、おばあたちがなんとか守り継いでいる数々の料理が、次につくれる人がいなくなり、これからどんどん途絶えていく。

おばあの手料理が、地域の郷土料理が、宝物として受け継がれていく日本にしていくために、僕たちd47食堂は何ができるだろうか。自問自答しても答えはすぐに出ないが、d47食堂には、各地のおばあの手料理を取材をした時のお話とレシピを、ちゃんとスタッフたちが蓄積している。

いつかその土地にお返しすることが求められれば、できる限りのことができたらと思っている。

日本の暦と、餅・団子・まんじゅう

餅料理といえば、すぐに二つの県を思い出す。

一つは、岩手県。同県・一関《いちのせき》市で訪ねた餅料理を振る舞う「蔵元レストラン せきのいち」は、「世嬉《せき》の一酒造」が運営する店。

レストランがある一関や平泉地域には、およそ300種類も餅の食べ方があり、1年で60回も餅を食べる「餅暦」があるほど、年間を通してさまざまな餅を食べてきた。冠婚葬祭はもちろん、人が集まる場所には必ず餅がある。

餅のたれや食べ方は多彩で、エゴマの種「じゅうねん」をすったもの、大根おろしとキノコ、淡水で獲れる沼エビを炒ったもの、クルミ、納豆、ヨモギ、枝豆をすりつぶした「ずんだ」……と、彩りも豊かで、どれも魅力的。

僕のおすすめの餅は、やはり王道のクルミ餅と納豆餅。これだけたくさんあると、人それぞれで好みは異なるけれど、クルミのたれをかけた餅は地元の方々はもちろん、d47食堂スタッフみんなからも、とても好かれていた印象がある。

そして重要なのは、餅の食べ方。地元の人は「つきたてでない餅は餅ではない」と言う。きっぱり断言されたので面白かったが、食べて納得。餅は、やはりつきたてに勝るものはない。


一方、岩手県の北部では、昔から雑穀食文化がある。

ソバ、ヒエ、アワなどを、お米に混ぜて食べていた。小麦を手延べして鍋に入れる「ひっつみ」は県内全域で食べられているが、同じ北部の二戸《にのへ》では、ソバ粉100パーセントに熱湯を加えてこねて手延べし、柳の葉の

浄法寺漆芸の殿堂
滴生舎
桃仙

形に成形する「柳ばっと」と言う汁物もあった。お蕎麦がハレの日に食べる料理だとしたら、「柳ばっと」はケ（日常）の料理。

つくり方をｄ47食堂スタッフに教えてくれたのは、岩手県から認定されている「食の匠」（P.225上）。他にもイネ科の雑穀で赤茶色のタカキビ粉を混ぜて真ん中を凹まして小豆汁に入れる甘い「へっちょこ団子」（P.228上）や、エゴマやゴマを入れた、南部せんべいの元祖といわれる「てんぽ」などを習った。

東北の料理は、いつもどこか郷愁を感じる。東北の人たちの比較的控えめな性格が影響しているのか、交通の便が悪かったことがあるのか、さまざまに理由はあるだろうが、中でも岩手には、どこか昔ながらの良いものが続いていて、そこに愛くるしい、かわいらしさを感じるものがあった。

岩手出身の宮沢賢治の物語が、幼少の時から読み継がれ、その地域の季節感や暮らしに紐付き、物語と暮らしの接点が深かったことで、昔からあるものを大切に思う心の教育が進んでいたのではないだろうかと思った。

僕たちも取材滞在中、宮沢賢治の「よだかの星」や「やまなし」「注文の多い料理店」などを空いた時間に読み返したり、その朗読音声を聞きながら車で移動したこともあった。


岩手県の二戸には、僕たちd47食堂が開業時からずっとお世話になっている、浄法寺塗のお椀をつくる「滴生舎《てきせい》」がある(P.228下)。彼らからお声がけいただき、二戸の食材の短角牛やサクランボ、雑穀、南部せんべいなどの生産者さんを巡り、漆器のワークショップ、漆の食器で食べる食事会をセットにしたツアーをしたことがある(P.229)。

二戸の方々は、本当にいい人ばかり。相手の話をとっくりと最後まで口を挟まずに聞いてくれて、時には冗談も交えながら、それでいて、毎日の大変な忍耐強い仕事をこなすことができる人たち、という印象がある。漆の仕事や、雑穀を育て、そのタネを収穫し次の栽培のために使い続けていくところも、どれも大変な労力を要する簡単な仕事ではない。

僕が岩手のことを、過保護なくらい好きになっているのは間違いない。そこを外しても、岩手県の郷土料理たちが、どうしてか、一度味わうとその地を愛《いと》しく感じられてしまうのが不思議でならない。なんだかとにかく、僕は岩手の人たちが好きになってしまったのだ。

餅文化が根づくもう一つの県は、「餅街道」がある三重県。「三重定食」の取材は、雨と晴れが交互にやって来る気まぐれな夏の時期だった。ちょうど雨が上がって、早朝、伊勢神宮に足を運んだ。木漏れ日が本当に美し

宝永四年
赤福
創業

くて、樹々の間を繋ぐ蜘蛛《くも》の糸に残った雫《しずく》を、キラキラと照らしていた。

伊勢神宮の外宮《げぐう》は衣食住の恵みを司《つかさ》どる「豊受大御神《とようけのおおみかみ》」が祀られているので、僕たち食を担当するスタッフにとってご挨拶は欠かせない。千葉では日本で唯一とされる料理の神様が祀られている高家《たかべ》神社があり、当時のスタッフたちと参拝したことがある。

三重県に伊勢神宮が祀られたのには諸説あるが、海・山の幸に恵まれ、中でも主食となる米づくりが安定してできる豊かな土地だったからと伝え聞く。外宮が鎮座してから1500年の間、欠かさず神々に捧げられてきた食事「神饌《しんせん》」が、今も毎日供えられている。神饌には、御飯、御塩、御水、魚類(鰹節《かつおぶし》とタイなど)、海藻、野菜、果物、御酒が並ぶ。素朴ながらも日本人の原点とも言える「食」の姿が垣間見えるようだ。

餅の話から大きくそれてしまったけれど、伊勢神宮と切っても切れないのが三重の餅文化なのだ。伊勢神宮の周辺には、参拝客が道中の疲れを癒して栄養補給をするために立ち寄った茶屋が多い。お伊勢参りと言えば誰もが思い浮かべる「赤福餅」をはじめ、「へんば餅」「二軒茶屋餅」などの老舗《しにせ》茶屋。

それぞれ全く違う餅だ。赤福餅はご存じ、餅の上にこしあんをたっぷりのせたもの。「へんば餅」は滑らかなこしあんを餅で包み、表面を少し焼いたもので香ばしい香りがある。「二軒茶屋餅」は、こしあんを薄い餅皮で包み、きな粉をまぶしたもの。

甲乙付け難いとはまさにこのこと。伊勢神宮そばにある「赤福本店」（P.233）でお茶をいただいた。店内は朱塗りのかまどなどもあって風情ある姿。目の前で餅を切り、あんこをのせる赤福餅づくりの様子を見せてもらった。長旅で伊勢を訪れた方々も、こうやって同じ空を見上げながら、

「片原饅頭」パッケージ
(2017年取材当時)。

餅を食べたのは、今も変わらない光景だろうと思いを馳せた。

一方、餅と同様に、各地で旅人をもてなし、人が集まる時に振る舞われた料理には、団子やまんじゅうなど、ご当地の名物になっているものが多い。群馬県前橋市の老舗「原嶋屋《はらしまや》総本家」で「焼きまんじゅう」をいただいた。小麦粉、発酵させた米糀、もち米からつくった生地を、店頭で「かかあ」（群馬のお母さん）たちが、甘じょっぱい味噌だれを照りが出るまで何度も塗って焼き上げてくれる（P.236右下）。

表面の皮はたれが焼けて、カリッと香ばしく、中はできたてのパンのようなふっくらとした仕上がり。群馬県では夏になると、お祭りなどで必ず「焼きまんじゅう」の屋台が出るそうだ。

「群馬定食」の取材では同じ前橋市で「片原饅頭」にも出会えた（P.236

左下）。志満《しま》屋本店がつくっていたこのまんじゅうは、164年という歴史を持っていたにもかかわらず、後継者問題によって1996年に一度廃業。「片原饅頭」はなくなってしまった。

その後、16年を経て「片原饅頭 前ばし万十屋」によってよみがえる。僕が群馬定食の取材で出会ったのはこのときの片原饅頭（P.236左下）。しかし、復活した「片原饅頭」も、2020年に店主の高齢化により前橋の人たちに惜しまれつつ閉店、再び幻のまんじゅうになってしまった。が、ここで終わらない。新しい後継者の手により、2023年再度「片原饅頭」は復活をとげる。

なくなってしまう伝統ばかりに目が行きがちだが、一方でこうやって、何度でも復活させようと努力することもできるのだ、と勇気をもらえた気がした。

何を隠そう、酒まんじゅうが本当に好きな僕は、旅先で見つければ必ず手に取ってしまうほどの酒まんじゅう好き。この甘過ぎないこしあんと、ふわふわと柔らかい生地がたまらず、それでいて、お酒の香がふわっと香り立ち、お腹が空いていなくても手に取ってしまう。

温泉まんじゅうよりも、やわらかさのある味わいが特徴で、旅先でやさしく迎え入れてもらえた気がして嬉しくなるのだ。食べる手を止めたくても止まらなくなってしまう。もしまた「片原饅頭」の後継者が見つからない時があったら、真っ先に自分が手を挙げたいと思うほど、酒まんじゅうは僕の中では愛すべき存在。

群馬で出会った、焼きまんじゅうも、「片原饅頭」も、どちらもつくりたてが絶品で、お土産にするのじゃなくて、旅人がその場で食べるためのまんじゅうだ。

沖縄県では、先でも少し触れたが、祖先は神《セジ》となって、門中《ムンチュー》（親族）を見守るとされ、沖縄各地で祖霊祭祀の行事が本当に多く続いている。冠婚葬祭や通過儀礼、人生の節目節目に、親族が集まり儀礼の食事を食べる習慣がある。

また、虫送り、種子取祭《タナドゥイ》といった沖縄の農耕儀礼でも、祖霊にお供えをすることで豊作を祈った。沖縄の祖先供養の最大行事は旧暦の3月上旬（今の4月上旬）に行なわれる「清明祭《シーミー》」。清明祭では、豚バラ肉の煮付や結び昆布、赤蒲鉾や、白餅、あん餅、ヨモギや黒糖の餅などの伝統料理を重箱に入れて持ち寄り、墓前に並べ、親族で集まる。

沖縄のお墓は独特な形をしていて、墓前に人が集まり交流できる場所がつくられている。祖霊と共に生きていることを、今の時代にも日常的に実感させてくれる存在として、沖縄のお墓からは独特な生命感が感じられる。

日本には、正月の鏡餅、桃の節句のヨモギ餅、春の彼岸のぼた餅、端午の節句の柏餅、中秋の明月に月見団子と、日本には四季折々の暦に合わせ、餅を飾り、食べる文化がある。五穀豊穣を祈り、家族の無病息災を願う神事はもちろん、お客さんへのおもてなしや、祭や縁日など人が集まる時の欠かせない行事食となるものも多い。

「いただきます」と言う食前の挨拶に代表されるように、生きるものをいただき、自らの命の一部になることへの感謝を表す心持ちは、祖霊や自然からの恩恵に対しての感謝の気持ちと重なっていくように思う。

日本人の主食となる米は、元々は赤米や黒米などの古来種として伝わってきたとされている。うるち米よりはやや粘り気があり、炊くともちもちとした粘り気が増し、それらは餅として神様へのお供物とされてきた。神事や、祈りの際に、餅を飾ることが多いのは、そういった歴史からきている。

山や社や岩や大木に、神が宿るなどとして信仰を深めていた日本人の自然と共生する信仰心は、日本人らしく生きる価値観としてとても有意義なもの。それは、昔も今も、時代は変われども変わらない普遍の価値観だと言える。

日本人が日本人らしく生きる。そのために大事にしていきたい自然観を、季節ごとに餅を通して感じていくことができる。

育て方、食べ方に無限の広がりを持つシイタケ

大分県には何度か訪問する機会があった。

d47食堂で出す「大分定食」の取材とは別に、品種ごとに違う乾《ほし》シイタケの魅力を伝えるブランド「うまみだけ」の主催団体から、d47食堂にプロモーションの依頼があった。

そう、僕たちは、そういった企業や地域のブランディングや商品開発のプロモーションをお手伝いすることがある。d47食堂流に地域の食材を編集し、郷土料理の定食に仕上げて、渋谷のd47食堂で多くのお客さんに紹介してほしい、ということが皆さんから共通していただくお題だ。

依頼ではあれど、ご依頼いただく側に、一つ守っていただいている約束

ごとがある。それはやはり、僕たちが現地に行った実感や感動をd47食堂らしく表現していなければ、そもそも僕たちがやらせていただく意味がないので、基本、メニュー構成や取引先の選び方などは僕たちの見立てに口を出さないでいただく、ということだ。だからこそ、僕たちも期待に応えられるように、妥協せずにつくり上げていくことができる。

ご依頼をいただいたら、県別の定食開発と同じで、まずは現地に行き、取材の旅をすることから始める。

これまでに大分県の原木シイタケの産地を訪ねたことはあったが、「うまみだけ」の定食開発では、これまで以上に集中的にシイタケを見て回る機会となった。せっかくなので、日本が発見した旨味要素の一つである、シイタケについてご紹介したい。

大分県にはシイタケの原木栽培に使うクヌギの木が豊富にある。これが大分県が国内有数のシイタケ栽培地となった理由だ。クヌギは樹皮が厚いから、内部に水分と養分をたっぷりと蓄えてくれ、シイタケの菌糸が樹中で育ちやすい。

シイタケ菌を植え付けたクヌギの丸太は、シイタケ発生に向く環境である林の中の「ホダ場」に並べられて、じっくりシイタケを育てていく。シイタケ栽培に適した環境は、寒暖差があって、高温多湿、それでいて風通しが良いところ。また、ほのかに木漏れ日が差すくらいがちょうど良い。

手入れが行き届いたホダ場をいくつか見学したけれど、数千本はある丸太のホダ木が悠然と立ち並び、木漏れ日が差し込み、森ならではの湿度を持った美しさがあった。(P.244上)

大分県のシイタケ農家の多くが、山を持ち、クヌギの木を育てるところから行なっていて、シイタケ栽培は、林業と背中合わせの関係と言える。

大分県の内陸、豊後大野市の首藤岩光さんは「全国乾椎茸品評会」での受賞歴も多く、かさが開いた平べったい「香信《こうしん》」シイタケ栽培の名人。乾燥した状態でもピシッとした輪郭と、すっと伸びたヒダが美しい。

玖珠《くす》郡では乾シイタケの原木栽培に加えて、生シイタケの栽培もしている江藤廉平さんのところにもおじゃました。

時期的に、山のホダ場はまだシイタケが芽を出していない頃だったので、ハウスで生シイタケを収穫しているところを見学。江藤さんが「あまりシイタケの味が強過ぎないほうが自分は好みで……」とおっしゃっていたことが印象的だった。

江藤さんの家で品種違いのシイタケを揚げ物にして食べさせてもらった。確かに、食べ方によって、シイタケらしい強い味が良いとは限らないとわかった。取材中、どんどんシイタケの品種と個性、食べ方の組み合わせの奥深さにハマっていった。

国東《くにさき》半島でシイタケ栽培と流通を手がける徳丸商店の徳丸寿文《としふみ》さんにも、取材の後半で滑り込むように栽培風景も見せていただいた。

「昔は121品種（シイタケの品種名）の栽培がほとんどだったけれど、温暖化による生産量の減少や、変形がおきてしまって……。今は他の品種の栽培が圧倒的に多い」（徳丸さん）。

シイタケ出汁を飲み比べると、121品種や115品種は口内にじゅわっと広がる力強い旨味が印象的だ。今は栽培量が減ってしまったという121品種を徳丸さんが守りたいと考える理由も理解できた。


県内各地で生産されたシイタケは、その多くが大分県椎茸農業協同組合（OSK）内の市場で入札にかけられる。

入札の前に、各地のシイタケの目利きが集まり、下見会が開かれていた。下見会の会場を見学すると、品種も形も大きささも、その形の美しさもさまざまな乾シイタケが指定の箱に入ってずらりと数百は並び圧巻の光景。目利きたちは、乾シイタケの箱と、真剣に対峙していく。市場全体がシイタケのやさしい旨味を含んだ香りで包まれているのには驚いた（P.244左下）。

僕も乾シイタケの箱を全部見たけど、形の違いや、なんとなくおいしそう、これはきれい、みたいな単純なことしかわからなかった。数百の箱の中に、先にも紹介したシイタケ栽培名人の首藤さんのシイタケも見つけた。確かにこれは美しいな、と納得できた。

シイタケ料理を大分県内で教えてもらいたいと思ったら、欠かせない存在が「生活工房とうがらし」の神谷禎恵《よしえ》さん（P.249中左・252右上）。シイタケを使った大分の郷土料理「しいたけのたいたん」、筑前煮やがめ煮をもう少し汁っぽくした「煮ぐい」、「しいたけ南蛮」や「からししいたけ」といった乾シイタケを使った料理を一つ一つ丁寧に教えていただいた。

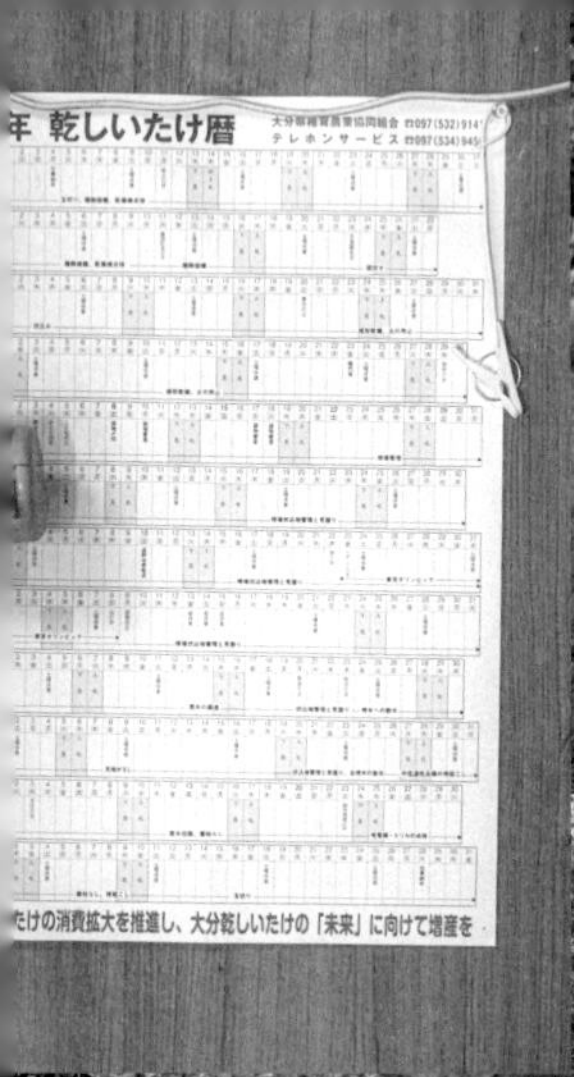
年 乾しいたけ暦
テレホンサービス
たけの消費拡大を推進し、大分乾しいたけの「未来」に向けて増産を

シイタケ農家の江藤さんのところでいただいた生シイタケを神谷さんに差し上げると、さっと「生しいたけのすまし汁」や「生しいたけの塩炒め」などの料理に変わっていった。

乾シイタケとは違う、軽やかでやさしい香りが、食べ過ぎ気味の僕たちのお腹を軽くしてくれるようだった。

さらに、旬の生の青ユズからその場でつくった、つくりたての「青ゆずごしょう」や、大分の名産カボスを、薬味にたっぷり出していただいた。シイタケの凝縮した旨味や香りをうまく中和してくれる存在というか、柑橘の香りによって、シイタケ料理たちがどれも軽快で爽やかに変化していく。

「最近はずっとおにぎりをつくっているのよ」という神谷さん。ライスツーリズムを提唱し、「おにぎり神谷」として、おにぎりを握って、そのまま手渡しして食べてもらうという活動をしているそうだ。

なんと、おにぎりにカボスを搾って渡された。これがもう本当に絶品。たっぷりシイタケ料理をいただいた後なのに、何個だって食べられるおにぎりだった。シイタケの話からは逸れてしまったが、神谷さんを語る上では欠かせない。シイタケ料理もおにぎりも、忘れられない体験となる。

ちなみに、乾シイタケにする品種は、121や115などの番号もあれば、ゆう次郎、にく丸といったあだ名のような品種名まで、たくさんある。品種によって味が決まるのだけど、乾シイタケの品種のことまで大分県外の人は知らない。

ちなみに、よく聞く冬茹《どんこ》、香信《こうしん》は、品種ではなく見た目の違いを表す言葉。かさの開き方の違いのことで、あまり開かず丸みのある冬茹（どんこ）、よくかさが開いたのが香信《こうしん》。その中間が香茹《こうこ》と言った具合。

シイタケ農家さんのところでは、そこからさらに細分化して呼ばれていた。収穫時期によって「はるこ」「ふじこ」「なつこ」「あきこ」「かんこ」。収穫時の天気の状態で「あまこ」「ひよりこ」。

農家さんたちは愛情たっぷり、まるで孫の名前のように呼び分けるのだけれど、もはやそこまでいくと、僕たち素人にはほぼ手が出ない。

数あるキノコの中の一つに過ぎないシイタケ。シイタケの中でも、その繊細な違いを楽しみ、そこに物語や名前を与え、育て方や食べ方に、たくさんの工夫が込められていく。たかがシイタケ、されどシイタケ。

シイタケ栽培という一つの産業の中にも、無限の広がりを見出していくところが、日本人のものづくりへの姿勢そのものだなと思えた。シイタケに限らず、全ての作物にこのような世界が広がっているのだろう。そう考えれば、地域の食材を楽しむ方法はまだまだ開拓されていないことのほうが多いのかもしれない。

シイタケ尽くしの取材を経て完成した、d47食堂の「大分うまみだけ定食」（P.257）は、肉厚で旨味と香りの濃い品種「115」はシイタケをじっくり炊いた「しいたけの炊いたん」に、逆に強過ぎない旨味と香りを持つ品種「ゆう次郎」は、鶏肉と根菜を煮た「煮ぐい」にと、5種のシイタケ品種と郷土料理を組み合わせていった。もちろん、青ユズ胡椒とカボスを添えて。

大分うまみだけ定食

からしシイタケ(品種 193)/シイタケの炊いたん(品種115)/シイタケの肉詰めフライ(品種 にく丸)/青ユズ胡椒/生シイタケのすまし汁/煮ぐい(品種 ゆう次郎)/カボス

料理:内藤早紀

醸造家らが立ちあがる、木桶《きおけ》による発酵食文化

木桶仕込みの醤油、酒、味噌、漬物、熟鮓《なれずし》、鮒鮓《ふなずし》……。日本の発酵食文化には欠かせない道具の一つが木桶だ。昔は、地域内に桶屋があって、まず酒蔵が菌のついていない新しい木桶を使い、酒蔵が使った後の収縮率が落ち着いた木桶が、味噌や醤油、鮒鮓などの発酵食品をつくるために再利用され、循環していったと言う。

ホーロー製やFRP製のタンクが普及した現代では、そういった伝統的な木桶の循環利用は、ほぼなくなってしまった。木桶ではないタンクを活用することは、安定した生産環境や、衛生環境がつくれるのかもしれない。しかし、実際に発酵のプロセスをつくりあげているのは微生物たちの存在。人間から見える製造工程上の進化が、発酵の主役たる微生物たちにとって、

果たして、同じように進化と言えるのだろうか。

そういった気づきを僕に与えてくれたのは、瀬戸内海の小豆島で、2012年に「木桶職人復活プロジェクト」を立ち上げたヤマロク醤油の5代目・山本康夫さん。

2012年当時、大きな木桶をつくれる会社は日本ですでに大阪の1社のみ。しかも、その木桶職人も60代の3人のみで、木桶は絶滅待ったなし！の状況だった。それを知った山本さんは、自分の醤油蔵にある木桶のメンテナンスすらできなくなる将来を想像した。さらに、木桶の寿命がおよそ100〜150年程度といわれているので、自分の後の世代に木桶が残らない未来まで想像し、山本さんは危機感を持つ。

そこで、地元の小豆島の大工の坂口直人さんらを説得し、一緒に大阪の

CARGO CRANE
RANGER
椿建設㈱

/COURT
Hikarie
日本に伝わる食文化を繋いでいく。
木桶職人復活プロジェクト
KIOKE CRAFT REVIVAL

桶会社に木桶づくりを習いに行くことを決めたという。以降、毎年、桶に使う杉の木や、タガに使う真竹がよく乾燥して木桶づくりに向く1月末頃、小豆島に木桶復活を支援したいと、さまざまな醸造家たちが山本さんのところに集まるようになった。

わいわいと一緒に木桶をつくりながら、同じ釜の飯を食い、木桶が残る未来を願い、語り合う(飲み交わす)。これが醤油蔵や酒蔵の枠を超え、研究者や蒸留家、料理研究家など、木桶コミュニティが育まれ、「木桶による発酵文化サミット」という形へと繋がっていった。d47食堂も、このサミットの東京開催という重責をいただき、毎年、日本各地の醸造家たちの熱量に圧倒されながら運営をサポートしている。

食文化のことを考える時、この「木桶職人復活プロジェクト」は大きなヒントになると思う。なぜなら、ある伝統工芸がなくなる前に、まず、それに必要な道具からなくなってしまうことが多いからだ。道具がなければつくれない。それと同じで、今あるおいしいものが残るためには、それをつくるために欠かせない道具をつくる職人から守っていかなければいけない。

今もどこかでひっそりと、道具がなくなることによって絶えるかもしれない伝統的な食文化があって、身を潜めながら静かに消える瞬間を待っている状況にある気がする。

「気づいたら木桶がなくなりそう、ならば、なくなる前に動き出そう」と、山本さんたちが木桶づくりに動き出したように、絶滅寸前のギリギリで立ち上がるようなことだって起こる可能性がある。道具をつくる職人の存続には、そもそも、その道具を使う産業が伸びることも不可欠。本当に難しい課題だ。ただ「木桶職人復活プロジェクト」という事例が生まれていることは確実に希望となっていくに違いない。

自
然
酒

仕込水

創業300年を超える福島県郡山市の酒蔵「仁井田《にいだ》本家」も、木桶職人復活プロジェクトに参加してきた酒蔵の一つ(P.264)。1967年から始めた、自然栽培米の生酛《きもと》仕込みによる「しぜんしゅ」によって、これから100年先を見通した酒づくりの骨格をつくりだしている。口当たりの柔らかさの中にも、芯となるしっかりとした米の旨味や酸味、辛味が複雑に絡み合ったお酒が特徴だ。

仁井田本家の蔵人たちは、自ら自然栽培の酒米づくりを行なっていた。夏は米づくり、冬は酒づくり、という生き方をみんなで取り組む。自然栽培の農家が地域内で増えることが、100年後もこの地の土が元気な状態をつくることができると、18代目当主の仁井田穏彦《にいだやすひこ》さんは語る。

そして、先々代が残してくれた杉林を活用し、地域の木材と水と米と、全て地域の中で循環しながらつくることができる、酒づくりに挑戦し始めている。100年後に、この地で自給自足している酒蔵を目指す仁井田本家の姿は、日本中の多くの酒蔵に影響を与えている。

酒蔵は、その蔵内の菌を管理する都合上、立ち入りを制限する蔵元は多い。でも千葉県で木桶仕込みの日本酒をつくる「寺田本家」の寺田優さんは、蔵の見学を広く受け入れている。

「来訪者が持ち込むさまざまな雑菌も、それも含めてこそ、地域の酒になると思っているんです」(寺田さん)。

寺田本家の酒を飲んだことがある方は知っていると思うが、どっしりと力強い骨太の酒もあれば、日本酒とは思えないほどキーンと酸味の利いた酒もある。当然好き嫌いはあるかもしれないが、寺田本家の日本酒は共通して、菌たちがのびのびと活動をしている印象を受け、「菌優位なお酒だな」といつも感じて、僕はとても愛好している。

ヤマロク醤油の山本さんにも、蔵の環境と、見学者の影響について聞いたことがある。山本さんも受け入れ派だ。

「人に付いている菌が仕込み中の醤油に影響を与えるということはないんです。いろんな菌が蔵に持ち込まれても、醤油自体が強い菌を持っているので負けることはありません。だから、うちはオープンにしています。醤油が発酵するときって、プチプチと音がするんですけど、お客さんが見学に来ると、発酵の音が大きく早くなるんですよ。菌は、人が来ていることが分かるようなんですね。しかも、女性が来た時のほうが反応がよくて、発酵も進む（笑）」（山本さん）。

発酵食品の生産者全てがオープンに見学を受け入れているわけではないので、くれぐれもご注意を。ただ僕が出会った、木桶での発酵食づくりに関わる人たちは共通して、どこか大らかさがあるように感じている。

それは、管理のしやすいホーロー製やステンレス製ではなく、あえて「木

寺田本家
寺田本家

みやぎ農園

LOCAL
FOOD
EXPERI
ENCE
食の生産者は「つくる」から、
「つくり、伝える」活動家へ
Food producers who have become activists
that not only make, but also inform
D&DEPARTMENT PROJECT
NIPPONの
47
2016
食の活動プロジェクト
NIPPON 47: 2016
Food Activism Project

物、人はその守り人」と、考えているからなのかもしれない。

桶」という微生物優先の環境づくりを選んだ時点で、すでに「主役は微生

今、山本さんたちの活動が日本中の多くの醸造家たちに知られるようになり、各地の醸造家たちが、伝統的な木桶仕込みに取り組みはじめている。

山本さんは「木桶でつくる醤油は国内の醤油の生産量のおよそ1パーセントのシェア。木桶仕込みの醤油の人気だけが増えれば一瞬でなくなってしまい、今まで使っていた人に届かなくなる。蔵人たちも、1パーセントを取り合っていく競争をしても意味がない。みんなでタッグを組んで、木桶醤油のシェアを1パーセントから2パーセントにしていくことを目指したい」と語ってくれた。

未来に向けて自社の事業を越えた社会意識を持って、そこに集まるたく

さんの同業者やファンなど、コミュニティとの関わりを大切にした取り組みを始めているつくり手たち。それはもはや「つくり手」の枠を飛び越えた「食の活動家」だろう。いや、これからのつくり手は、活動家である側面が必要不可欠なのかもしれない。

山本さんとの出会いから、2016年にd47 MUSEUMで『NIPPONの47 2016食の活動プロジェクト ―食の生産者は「つくる」から、「つくり、伝える」活動家へ―』という展覧会を開催した(P.268下・P.269)。山本さんのような取り組みを考えている、全国の生産者たちに出会ってみたい、シンプルにそう思ったことから生まれた展示だった。2016年からしばらくが経った。もう一度、第2回目の展覧会を考えてみても面白いかもしれない。以前にも増して「食」を取り巻くさまざま活動が増えていると思う。

おもてなし文化が生んだ料理

全国各地にはそれぞれのおもてなしの文化があるけれど、定食取材の中で、最もおもてなしの文化を感じたのは、高知県だった。高知では宴会を「おきゃく」、おもてなしの料理を振る舞うことを「おきゃく文化」と言い、地域の人たちの中に、深く、楽しく根付いている。

高知の代表的な郷土料理が「皿鉢《さわち》料理」。

「高知定食」の取材に行く際、なんとかその皿鉢料理を食べてみたいと探した中で、高知県東部の北川村で仕出し屋を営む「高橋円次商店」さんに出会うことができた(P.272)。

冠婚葬祭の振る舞いで使われるような直径40センチ近い大皿で出される

274

「皿鉢料理」。大皿の中心には、サバの棒寿司（背開きにしてサバを酢で締めて酢飯を包む）が尾頭付きで盛り付けられている。そこに、たっぷりの「ユズ酢（ユズ果汁）」を使った酢飯に、コンニャク、ミョウガ、シイタケ、リュウキュウ（ハスイモの茎）などの山の具材をのせた彩り豊かな「田舎寿司」が加わる。

田舎寿司はユズの香りの酢飯が食欲をそそり、するすると手が進んでしまう魔法の寿司。さらに、揚げ物や、なんと羊かん（！）までが盛り込まれていく。いわば、前菜からメイン、デザートまで、一つにまとめたオードブルスタイルということができる。大皿はそれだけに限らず、素麺が盛られた皿鉢もあったりと、宴会場にはさまざまな料理を盛られた大皿が並ぶそうだ。なんとも豪快なおもてなしだと思った。

もちろん、皿鉢料理の皿には、食べ切れないほどに盛り合わせられる。

それも、日本の一つのおもてなしの心を表現しているのだけれど、実は、食べ切れずに翌日に残ったサバの棒寿司は、酢飯が少し固くなってしまうことを活かして、表面を少し焼いて食べるそうだ。県内で話を聞きにいった方々は、口を揃えて、子どもの頃はむしろそっちのほうが大好物だったなぁ、と聞くこともあった。

もてなすことは大変だろうが、その後にちょっとしたご褒美があると思ってもよいかもしれない。

d47食堂で出した「高知定食」では、この「おきゃく文化」、皿鉢料理のことが頭から離れることができず、定食の中に一人皿鉢料理をつくることにした。やや大きめの丸皿にユズ酢を使った4種の田舎寿司と、揚げ物のイモ天、文旦《ぼんたん》や四万十《しまんと》栗の羊かんなどデザートも一緒に盛り付けた（P.159）。

これが東京の人に限らず、海外の人にもすこぶる好評で、コロナもあって実現できていないけれど、海外で田舎寿司のワークショップをして欲し

いという依頼を受けることもあったほど。高知のおきゃく文化、世界に通ず！

僕たちが、d47食堂で使う食器は、なるべく郷土料理と同じ土地の器を使うようにしている。ただ、器の産地が全県にあるわけではないし、新しい県の定食をつくる度に、定食で使う4〜5種類の器を毎回新たに買っていると、使わない食器も増えていってしまう。

だから、定食のお盆の中に郷土料理と同じ土地の器を一つないし、二つくらい使って、郷土料理と同じ土地でなくても近隣の産地の器を使うなどしている。実際に取材に行って見てきたその土地の風景を伝えるために、どのお皿が良いだろうか、と毎回考えて組み合わせしている。

現地取材に行く前から、器のことも意識して、このつくり手をたずねようと、あらかじめ決めていることもある。

d47食堂の開業当時からお世話になっているつくり手の方々はもちろん、d47 MUSEUMでの企画展でお世話になり、器をお願いできたらと思っている方など、さまざまだ。


「岡山定食」の取材の時、備前焼の窯元「一陽窯」の木村肇さんを訪ねたのも、そんな思いがあってのこと。

ちょうど陽が暮れる時だっただろうか、窯元の仕事が終わる頃に訪ねた。木村さんは自然派ワインや料理が好きな方だそうで、木村さんの周りには食に関心を持っている方も多いと聞いていた。

案の定、その日、木村さんは、倉敷の老舗の鮮魚店兼仕出し屋「魚春」の光畑隆治さんに声をかけてくださっていた。こうやって人と人をつなげるようなおもてなしができるというのは、なかなかできることじゃない。

そうやって生まれた出会いは、本当に旅の醍醐味だと思う。光畑さんは、その夜、とても立派なマナガツオ（神経締めしてから5日も寝かせたもの！）を持ってきてくれた。さっと塩焼きで炙《あぶ》ったマナガツオは、香ばしさの中にジュワーッと旨味が広がる。「魚屋の仕事」、恐るべし。

この夜の流れから、翌日、光畑さんから「備前ばら寿司」のつくりかたを教えてもらえることになった。光畑さんは、ピチピチと体をくねらす生きたハモを豪快にさばき、ハモの骨や頭の臭みを塩で取り、そこに酢をかけて、ハモから出る旨味をたっぷり酢に溶け込ませた。

旨味の出た酢でハモ肉を和えて酢飯にのせていく。「酢を通して旨味を伝える技だ」という。酢締めしたサワラ、アナゴの蒲焼、蒸しエビ、イカ、タコ、豪勢な食材が寿司桶の上に並んだ姿は圧巻。目にも美しい備前ばら寿司ができあがった（P.281右上）。

江戸時代、岡山藩は一汁一菜の倹約令が徹底されていたようで、さまざまな魚介も野菜も一つの桶に混ぜ込んで一菜に見立てたという話や、ばら寿司を仕込む寿司桶の底に魚介を忍ばせ、上に野菜入りの酢飯をのせ、質素な五目寿司と見せかけたという話もあったようだ。

今や全国区で食べられる、おもてなし料理の代表格でもある、ばら寿司だが、できあがったばかりの目の前の素晴らしい「備前ばら寿司」を見ると、この土地に伝わる物語も、光畑さんや木村さんとの出会いも、そうやって体験した全てが、僕たちがつくるｄ47食堂の備前ばら寿司にも強烈に焼き付いていると思う。

昔から、人をもてなしてきた場は、家だけではなかった。定食の取材の中で出会ったのは、信仰と参詣者をもてなしてきた食文化。

御神燈
御神燈
御師の家
筒屋《づづや》

伊勢神宮の参詣者や、四国八十八ヶ所霊場を巡礼するお遍路さん、富士山信仰の参詣者など、日本には古くから信仰の対象を訪ねる参詣文化がある。旅を禁じられた時代にも、信仰のための旅は許されたこともあり、それら参詣者による旅は、信仰として、時には娯楽的な要素も含めて旅が楽しまれた。

参詣者をもてなすため、各地の宿場町や神社周辺には、宿を提供し、参詣者の心身を清める祈祷などを行なう「御師《おし》」が営む館が建ち並んでいた。ある時、富士山信仰の参詣者たちが必ず立ち寄る、富士山のふもと、富士吉田市から、「土地の産業について話す、食べるなどを複合的に体験するイベント」を、移住を検討している方たちを対象に開催してもらいたい、という依頼をいただいた。

富士吉田は「ハタオリ」の街として知られ、今でも多くの生地メーカーが点在している。ちなみに、富士吉田の「吉田のうどん」は忙しい機屋の賄《まかな》い飯から名物店が生まれ、地域の郷土料理として多くの店が生まれるようになったらしい。

話を戻すが、富士吉田には、神仏の力を求めて富士山へ登る人々が、かつて登山前に必ず参詣していたという北口本宮冨士浅間神社《きたぐちほんぐうふじせんげんじんじゃ》が今も現存している。そして、神社へ続く参道沿い、上吉田の地域には御師の家が江戸時代に86軒もあったとされる。現在稼働しているのはわずか4軒となってしまったそうだ。

宿坊である御師の家で提供されてきた料理のことを「御師料理」と呼ぶ。富士山という神聖な場所へ立ち入る前に、身を清め、体力を養ってもらえるよう、地元のありったけの食材を使ってもてなしたことから始まったたも

284

のだそうだ。50年前に「筒屋《づや》」（P.281下）に嫁いできた女将《おかみ》・小澤《こざわ》恵美子さんは、先代のお母様に御師料理を教わり、今も腕を振るい続けている。代表的な御師料理は「じゃがいもとひじきの煮物」。海と山の食材が合わさった料理で、身を清め英気を養った精進料理の一つとされる。現在でも、7月1日の開山祭では神饌として供えられている料理だそうだ。

先にも書いたが、僕たちd47食堂は、お客さんが着席すると最初にお出しするぬか漬けにおもてなしの気持ちを込めている。

2012年、d47食堂が開業してしばらく経ち、オープン時特有のラッシュのような混雑がひと段落した頃、お客さんを見ていると、毎日仕事を頑張っているような方、むしろ食べながら仕事をしている方もいた。

逆に、普段は育児や家事に追われていて、お昼くらいはゆっくり食べたい、という雰囲気の方も。そう、どんな方も、毎日みんな一生懸命。そう思った時、なるべく自然に、みんなの体調が整うことにつながる、僕たちが手づくりするぬか漬けくらいが、日々のおもてなしとしてはちょうど良いのかもしれないと思った。

「誰が、誰をもてなすか」で、もてなし方は異なってくる。僕たちのおもてなしとしてのぬか漬けは、渋谷という忙しい街の真ん中にある食堂からの、さりげない提案である。

ちなみに、時々、大人数でのご予約をいただくことがある。あまり知られていないが、20名くらいのご予約だと、店の半分を貸し切りにして使っていただく時がある（P.276）。席の配置を大幅に変えて、大きなテーブルをみんなで囲んでもらうような食事会にさせていただくのだが、その時は、何県の出身の方が、どういう目的でこの会が開かれるのか、という部分をうかがいながら、自分たちなりのおもてなしを考えていくことがある。

出身地の郷土料理をお出しすると、さりげないけれど、これが本当によく喜んでいただける。地方出身者が多い東京は、田舎者の集まり、とかいう言葉もあるけれど、そのおかげで、僕たちの食堂を喜んでもらえているのだ。側面はあるだろう。日本人はみんな、なんだかんだ言っても、故郷が好きなのだ。

廣東餐館
鳳飛

街の郷土料理

郷土料理は大きく分けると、風土や食材の特長が出やすい海の料理、山の料理がある。加えて、街にあってこそ根づいたような郷土料理もあると思う。街の郷土料理は、料理そのものが自然や風景とリンクしているというより、その地域の商売や交易、信仰のようなものを反映していることもある。

2章の最後では、そんな少し変わった、街だからこそ生まれた料理、それを郷土料理と言うかどうかは、人によって考え方が分かれるかもしれないが、僕は地域で愛されているソウルフードも、広い意味で郷土料理の仲間と捉えている。

古くから、街の文化がある場所といえば、やっぱり京都だろう。九条ネギと、お揚げさん（油揚げ）を卵でとじた「衣笠丼《きぬがさ》」や、ぴりっとショウガが利いて卵とあんがからまった「けいらんうどん」、シイタケ、カマボコなど具沢山なうどんに、どばっとあんかけした「のっぺいうどん」など、京都にはとろみをつけて、はんなりした味わいの名物料理が街中にあふれていると思った。

都があり、交易があり、商人が多かったことで、ちゃちゃっと食べられるファストフードが好まれていたのは、都市文化を持つ地域に共通して見られる料理と言える。江戸の街の寿司や蕎麦なんかもそうだ。卵やあんで、とろみを出した料理と言えば、代表的なものは中華料理。d47食堂で出す「京都定食」の取材のため調べると、京都には京都中華なる、独特な中華があるという。

京都の中華
姜 尚美
京阪神エルマガジン社

その代表的な「鳳飛《ほうひ》」「芙蓉園《ふよう》」「平安」などを巡ってみた。どれも、胃もたれしないようなあっさりとした味が特徴で、他県ではあまり味わったことのない、和食的な中華に思えた。

京都中華について深く知りたい人は、ぜひ『京都の中華』（姜尚美《かんさんみ》著・京阪神エルマガジン社・2012年刊）も手にとってみてほしい。そこにも書かれていたことだけれど、京都中華と呼ばれるような中華料理店では、舞妓《まいこ》さんが仕事の前に食べても、その後の仕事に影響しないよう、ニンニクが入っていないものが多いのだそうだ。店内もきれいで中華料理屋独特の油っぽさや匂いが服にも付かないようにされている。

中国から京都に精進料理が伝来し、そこから全国へ広まったこともあり、取材中、精進料理やおばんざい料理、京都中華などを市内でずっと食べ歩いていると、ここが、京都でありながら中国でありながら京都である、みたいなぐるぐると不思議な感覚を覚える街だってことがよくわかった。

そんな中、京都中華の中で、タマネギと鶏肉に、とろとろ卵の入ったあんかけ「鳳凰蛋《ほうおうたん》」は、ほんのり甘く、ふわふわとした卵の食感と、きれいな金色のあんのとろみで、一口食べると懐かしい味わいが口に広がっていく。卵とあんかけが、京都であり中華でもあるようで、京都と中華料理の両方を一番繋いでくれる料理のように思えた。果たして、京都中華は京都の郷土料理と言えるのだろうか。それはわからないけれど、地域に根付いた文化を伴った食事という意味で、僕には京都らしい中華料理であり、中華らしい京都料理、どちらにしても京都でこそ味わいたいものであると明確に思えたのだ。

そこでd47食堂の「京都定食」では、「鳳凰蛋」をご飯にかけた中華料理店のまかない飯のイメージで、「かしわ(鶏肉)入りあんかけ卵焼き丼」をメインに据えた。

同じく都市部の愛知、中でも名古屋では、京都の歴史を伴う文化とはまた違った、現代的な街の食文化が豊かに派生している。「あんかけスパゲティ」や「エビカツサンド」(P.297右下)、そしてモーニング文化も深く根付いている。

小倉あんをのせたトーストは定番だけど、愛知県で創業した「コメダ珈琲店」のメニューには、コーヒーの中にあんこを入れたものもある。名古屋市内で飲み歩くと、深夜にどうしても食べたくなるのが「味仙《みせん》」の「台湾ラーメン」(P.296左上)。病みつきになる辛さが魅力で、辛さ控え目を「アメリカン」、辛さを増すには「イタリアン」と伝えて注文する。

名古屋の街で出会う名物料理のどれもが独特で、キュートな個性がそこかしこに爆発しているように感じた。お店それぞれが工夫していて、それがめっぽうお客さんに受け入れられている。いやむしろ、お客さんの声が

Bon Bon

CAKE BONE

店のルールをつくっているようなところもあるのかもしれない。

僕たちが愛してやまない名古屋市内の居酒屋「大甚《だいじん》本店」(P.297上)。毎日常連さんが店内を埋め尽くしている。思えば、どんな愛知の店にも、常連さんの存在が感じられた。特に名古屋はお客さんが店をつくり、店が街の文化をつくっているのかもしれない。しかし、おいしいだけじゃない、おいしくかわいい、みたいな愛すべき食文化が愛知県にはあった。


街で生まれた料理を郷土料理として取り上げたが、この流れはあくまで都市部のことと思われるかもしれない。でも、決して都市部だけじゃなくて、郊外にもあり、山間部や沿岸部、都市部に限らず、どんなところでもそこに暮らしている人たちの生活につながっている料理が、郷土料理だと思っている。

例えば、d47食堂で出す「埼玉定食」の取材で出会った埼玉県行田《ぎょうだ》市の「ゼリーフライ」。学校帰りの子どもたちや、小腹がすいた時のおやつ感覚で食べられている。大阪のたこ焼き屋に近い存在だなと思う。

何も知らずに名前だけを聞くと、「甘いゼリーをフライに？」と驚くが、実際は小判型をしたおからを使ったコロッケのことで、元々はその小判型の形から、縁起の良い名前として「銭富来《ぜにふらい》」となり、そこから「ゼリーフライ」となまっていったのだそうだ。

埼玉県での取材中、西に東に巡った中で、ふと、それこそちょっとおやつでも食べるか、と思って、行田の「かねつき堂」にふらりと立ち寄っただけなのだけど、「ゼリーフライ」の素朴さから、なんだか移動中に見てきた郊外の景色と、そこで暮らしている人たちの暮らしが、とってものどかに伝わってきた気がしたのを覚えている。

埼玉の方々も、まさか「ゼリーフライ」が埼玉県の食文化を表す「埼玉定食」の中に入るとは思わなかったと思う。でも、僕たちd47食堂で「ゼリーフライ」は大人気メニューとなり、今でも時折つくっている。埼玉の郊外の素朴な景色が、なぜかゼリーフライの存在感とすごくマッチしているように思った、というとても主観的な選び方で埼玉定食の中に入れたのだけれど、自分たちの主観を大事にすることは、つくる僕たちの思い入れをちゃんと一膳一膳に込めていくためには、大事なことでもあると、むしろ気づかされたように思う。

郷土料理は歴史的なものとは限らないことを、街の郷土料理たちは教えてくれる。どちらかというと、ソウルフードと呼んだ方がしっくりくるものが多いかもしれない。

郷土料理という言葉からは、より家庭料理として根付いたもの、というイメージがあるが、僕たちが各地の「食」を見てきた経験では、家庭料理

渋谷・のんべい横丁。

と街中の料理の間に区別は特にないと思っている。

その地域に生まれ、その地域で愛され、思いを込めてつくっている人がいて、これからも続いてほしいと思われる料理であれば、郷土料理ということはできると思う。

d47食堂が開業して10年を迎えた2022年に、自分たちがいる足元の郷土料理を見つけてみようと、渋谷の食文化をリサーチして「渋谷定食」（P.304）を開発したことがある。

渋谷の中心地にあったけれど今はなくなってしまった「恋文横丁」。ここには、皮が薄く味付けもしっかりとした現在の日本式餃子を生み出したといわれている「珉珉羊肉館《みんみんやんろーかん》」（現在閉店）があったり、昆布出汁が利いた和風のたらこスパゲッティを生み出した「壁の穴」（P.305左下）があったり。「渋谷定食」では、「壁の穴」に敬意を表して たらこスパゲッティをメインにした。

渋谷の街は、さながら世界の食文化を日本式に変換・進化させる装置のよう。「渋谷定食」の取材では、渋谷の歴史を大いに感じることができた。変換装置としてのDNAは、今もなお、食やファッション、音楽など、いろいろな分野に広がって息づいているように思う。

厳しい風土を生き抜くサバイバルとしての郷土料理もあれば、世界の料理を日本の料理にしてしまった郷土料理もあり、店の創意工夫で生まれたなんだかキッチュでかわいい郷土料理もある。郷土料理は自由で楽しいものなのだ。

今日も、立ち食い蕎麦屋で仕事を終えたおじさんたちが蕎麦をすすっている姿を見て、これも東京らしさ、と僕も思わず吸い込まれてしまう。立ち食い蕎麦屋の蕎麦も、一つの郷土料理であるだろう。

渋谷定食

たらこスパゲッティ／「CHEESE STAND」のチーズ／ポテトサラダ「ハチ公ソース」がけ／
身欠きニシンの山椒漬け

料理：中山小百合

道玄坂小路
麗
Spaghetti & wine
壁の穴
Shibuya Tokyo
1F

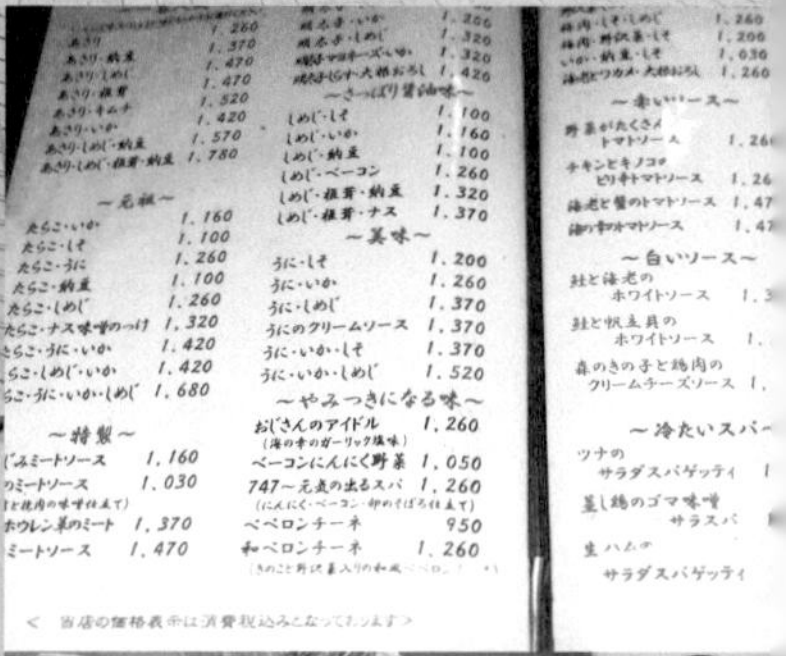
あさり・納豆 1,470
あさり・しめじ 1,470
あさり・椎茸 1,520
あさり・キムチ 1,420
あさり・いか 1,570
あさり・しめじ・納豆 1,780
あさり・しめじ・椎茸・納豆
〜元祖〜
たらこ・いか 1,160
たらこ・しそ 1,100
たらこ・うに 1,260
たらこ・納豆 1,100
たらこ・しめじ 1,260
たらこ・ナス味噌のっけ 1,320
たらこ・うに・いか 1,420
たらこ・しめじ・いか 1,420
たらこ・うに・いか・しめじ 1,680
〜特製〜
ミートソース 1,160
ミートソース 1,030
ホウレン草のミート 1,370
ミートソース 1,470
〜さっぱり醤油味〜
しめじ・しそ 1,100
しめじ・いか 1,160
しめじ・納豆 1,100
しめじ・ベーコン 1,260
しめじ・椎茸・納豆 1,320
しめじ・椎茸・ナス 1,370
〜美味〜
うに・しそ 1,200
うに・いか 1,260
うに・しめじ 1,370
うにのクリームソース 1,370
うに・いか・しそ 1,370
うに・いか・しめじ 1,520
〜やみつきになる味〜
おじさんのアイドル 1,260
ベーコンにんにく野菜 1,050
747〜元気の出るスパ 1,260
(にんにく・ベーコン・卵のそぼろ仕立て)
ペペロンチーネ 950
和ペペロンチーネ 1,260
〜白いソース〜
鮭と海老の ホワイトソース
鮭と帆立貝の ホワイトソース
森のきの子と鶏肉の クリームチーズソース
〜冷たいスパ
ツナの サラダスパゲッティ
蒸し鶏のゴマ味噌 サラスパ
生ハムの サラダスパゲッティ

渋谷名物
ハチ公ソース
中濃

自然と文化と共生する「全体性」

野と山と川と海と、そこに暮らす人間と動物、植物、虫や微生物……。各地の郷土料理をいただきながら、その連なった自然と文化の「全体」を僕らは郷土の味として食べている。

自然は常に全てがつながり、バランスをとり、流動的で影響し合わない要素などない。郷土料理のひとつひとつは、本当にさまざまな要件が重なって生まれ、続いてきた稀有《けう》な存在と言える。d47食堂から広がる仕事を通して、郷土料理を知ることは自然そのものを知ることなのだ、と感じるようになった。

地球の環境は刻々と変化している。自然と共生する考え方や研究は、科学や文明が発展し、自然のしくみが解明されるにつれ、日々、重要性を増している。同時に、発展した文明の影響で、環境は悲鳴を上げ、人は自然との共生がより必要なことにも気づいていく。人間が高度な研究を重ね、頭で考えれば考えるほど、間違った道を選んでしまう矛盾を抱えているように思えてくる。

例えば東洋医学のひとつである漢方薬は、身体の全体性を理解しバランスを整える。漢方薬で体の不調が整う例も多く、生命や身体もひとつの小さな自然的存在と捉えることで、全体性を診る治療法が求められていることも、環境問題などと同じように考えられる気がしている。

日本が最も自然と文化と共に育んだ時代は、おそらく明治以前の江戸時代だと言える。これからの時代、僕らが学ぶべきは「全体性」かもしれない。そのためには、どんな形であれ自然という全体性を深く観察することが重要だ。d47食堂の定食は、引きつづき地域の全体性を表現する仕事につなげていきたいと思う。

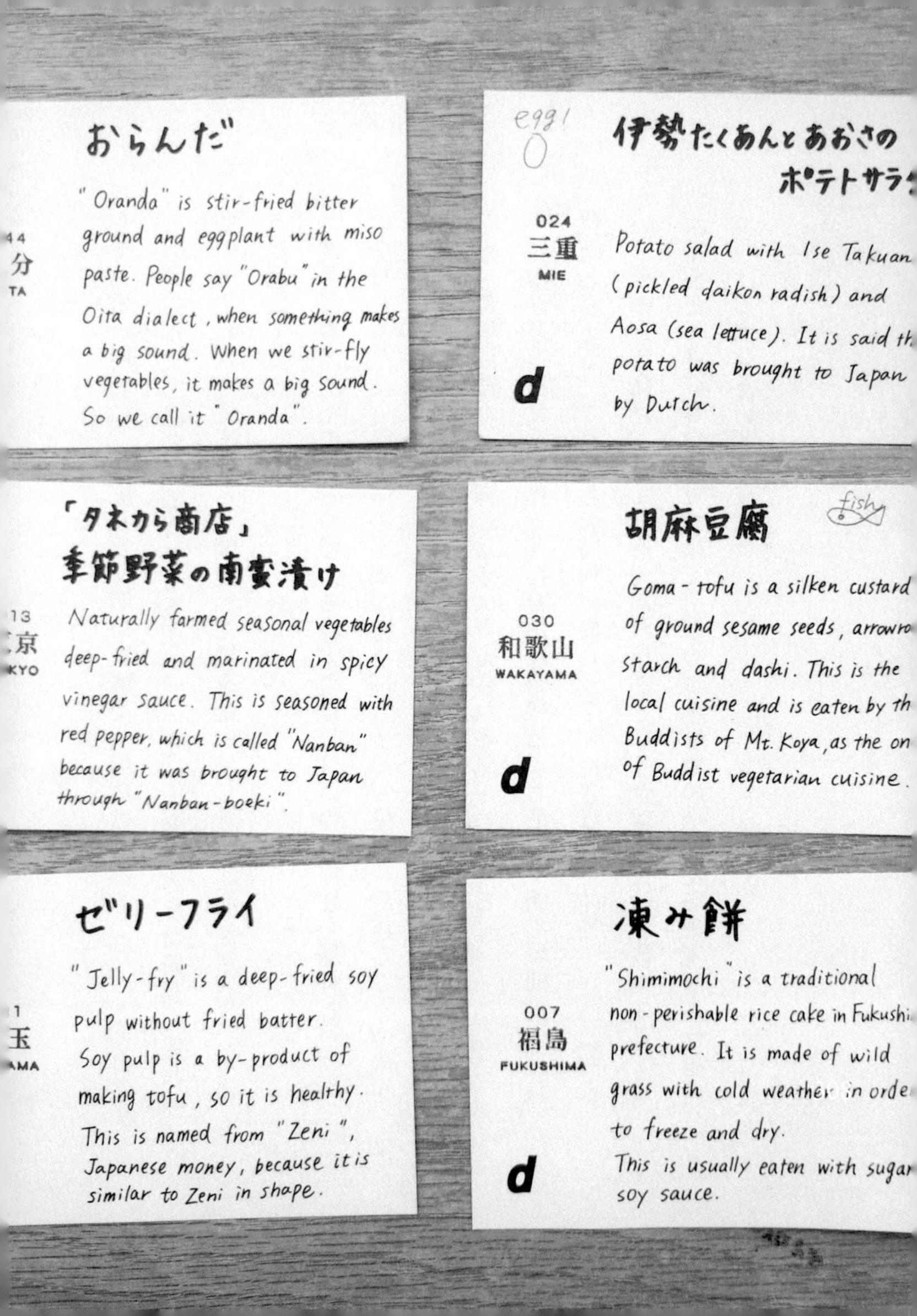

おらんだ
"Oranda" is stir-fried bitter ground and eggplant with miso paste. People say "Orabu" in the Oita dialect, when something makes a big sound. When we stir-fly vegetables, it makes a big sound. So we call it "Oranda".
egg!
024
三重
MIE
伊勢たくあんとあおさのポテトサラ
Potato salad with Ise Takuan (pickled daikon radish) and Aosa (sea lettuce). It is said th potato was brought to Japan by Dutch.
d
「タネから商店」
季節野菜の南蛮漬け
Naturally farmed seasonal vegetables deep-fried and marinated in spicy vinegar sauce. This is seasoned with red pepper, which is called "Nanban" because it was brought to Japan through "Nanban-boeki".
fish
030
和歌山
WAKAYAMA
胡麻豆腐
Goma-tofu is a silken custard of ground sesame seeds, arrowro starch and dashi. This is the local cuisine and is eaten by th Buddists of Mt. Koya, as the on of Buddist vegetarian cuisine.
d
ゼリーフライ
"Jelly-fry" is a deep-fried soy pulp without fried batter.
Soy pulp is a by-product of making tofu, so it is healthy.
This is named from "Zeni", Japanese money, because it is similar to Zeni in shape.
007
福島
FUKUSHIMA
凍み餅
"Shimimochi" is a traditional non-perishable rice cake in Fukushi prefecture. It is made of wild grass with cold weather in orde to freeze and dry.
This is usually eaten with sugar soy sauce.
d

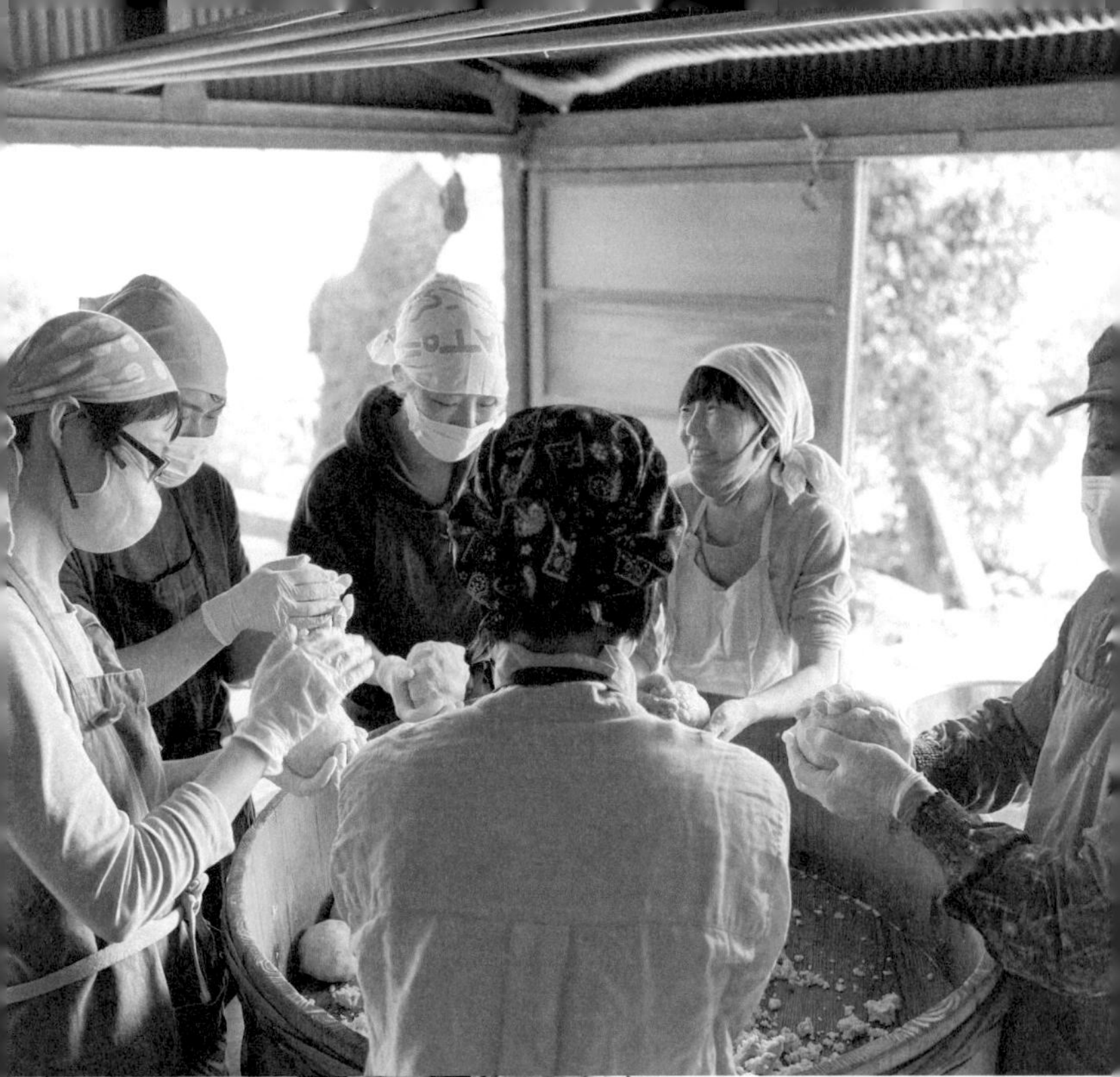

鎌倉市農協連

僕（相馬）の取材ノートはコクヨの測量野帳。
1冊を2回の取材で使い切れる絶妙なページ数。
取材中は農作業をすることもあるから、ポケットに入れやすくて助かっている。

つたや

3

グッドコミュニティ
誰と一緒に生きていくか

Photo : Daisuke Yamada

左からジェローム・ワーグさん、原川慎一郎さん。

「グッドコミュニティ」を教えてくれた2人

2020年、東京・目黒から、長崎の雲仙に拠点を移したレストラン「BEARD《ビアード》」(P.319)。オーナーシェフの原川慎一郎さん(慎ちゃん)とは長い付き合いで、実は彼の目黒にあった店で2年間ほど週末のオープン前に、2時間ぐらい仕込み作業のインターンをさせていただいたことがある。

当時の僕は、すでにD&DEPARTMENTのストア事業のディレクター(責任者)を10年ほどしていたのだが、ちょうど飲食事業のディレクターを任されたばかりで、ロングライフデザインをテーマに活動する自分たちが「食」についてどういう取り組みをしていくべきか、その根本の考えを探っていた。なるべく頭だけではなく手を動かしながら考えていきたいと思い、できれば、社外で別の視点を得たいとインターンをお願いしたのがきっかけだった。

なぜ慎ちゃんだったのか。それは、彼がレストランを運営しながら、数名のシェフたちと一緒に「Nomadic Kitchen」という、食を通して、暮らしや社会について考える活動を始めていたことに関心を持ったからだ。彼が、厨房作業が未経験の僕を快く受け入れてくれて、仕事の合間を縫っての僕の週末インターンが始まった。

BEARDの仕込みで僕がお手伝いしたのは、スパイスを使ったピクルスの仕込みに始まり、ヴィネグレットドレッシングやニンニクの利いたアイオリソース、魚介をマリネしたセビーチェ、豚肉を煮てペーストにしたリエット、ハンバーグのパティの仕込みなど。彼が食材と向き合いながら大事にしているポイントを聞きながら、作業を共にした。

いつもカウンターテーブル越しに向かい合って仕込みをしていたけど、

仕事をする彼の手は、いつもとても柔らかく食材に触れていて、その手の動きにこれまでにない感動を覚えた。このことは、10年以上たった今でも鮮やかに覚えている。

魔法をかけるように、素材が持つ魅力を引き出していく慎ちゃん。しかも、驚くほどシンプルに、簡単に。ピクルスにする野菜をカットする時、「おいしいと感じる切り方をしてくれたらいい」と言われたことを思い出す。「こうやって切ってね」ではなく、その素材に合わせて、こうやったらおいしいんじゃないかと、一つ一つ想像して向き合って進めていくことが、いつも僕には難しく、楽しくもあった。

思い返しても、食材に向き合う時の自分の価値観みたいなものには、慎ちゃんからの影響が大きい。彼は、まるで食材と優しく手をつないでいるみたいで、友達でもあるかのようだった。

「つくりたい料理があって、そのために素材を集めるのか」。それとも「まず素材があって、そこから料理が生まれるのか」。

彼の料理からは、後者をとても大切にしているように感じていた。彼が東京から2020年に長崎・雲仙へ店を移したのも、彼が信頼する野菜の生産者がいたことが理由だった。

慎ちゃんの「素材をつくる人があってこその料理」という食への向き合い方を見ていると、より素材に近い雲仙へ拠点を移したことはとても自然な流れだと思えた。

彼の新たな活動拠点となった、雲仙の新「BEARD」に僕も何度かうかがったことがある。そこで味わった料理は、素材がもつ瑞々《みずみず》しさも、力強さも、そしてその素材がどういった歴史の中で、タネ継《つ》ぎされてきたものかも含めて、魅力にあふれていた。そして慎ちゃんもまた、東京にいた頃とは少し違っていた。彼は、カウンター席だけの店内で、一皿ずつカウ

菜種油

ンター越しに説明をしてくれるのだが、調理法ではなく、その素材の歴史や背景、生産者の考えや暮らしを語ってくれる。

それはまるで、料理人である彼の技や存在すらないかのような話しぶりなのだが、でも確実に、目の前の一皿の中には彼の思考があることが僕には、はっきりと伝わってきた。彼の存在自体が、この雲仙の地にどこか溶け込んでいっているように思えて、彼の料理は、東京で食べた彼の料理よりも、深く深く、「土」を感じるものになっていた。

雲仙に「BEARD」が移転する前の一時期、彼は店を閉めていた。「シェ・パニーズ」のヘッドシェフだった、ジェローム・ワーグさん(以下、ジェローム)と一緒に、東京・神田に新たなレストランをつくることにしたよ、と僕に連絡があった。

ジェロームが長年働いていた「シェ・パニーズ」は、アリス・ウォータース氏が、アメリカ・カリフォルニア州バークレーにつくったレストラン。オーガニックやローカルフードを大切にする流れをつくった世界的な場所。有機栽培の農家から直接食材を仕入れて、その日その日の食材から料理を考え、メニューを組み立てることで有名なレストランだ。

慎ちゃんから、新しい店の事業計画や、店で使う食器などの相談がしたい、と連絡をもらって、ジェロームも含めて、何度かd47食堂のテーブルで話をする機会があった。慎ちゃんとジェロームは、通り道ということもあって、d47食堂に足繁く通ってくれた。

「いよいよ、この奥の窓際の席は、二人のオフィスになってしまったね」と笑って話したこともある。そんなある日の打ち合わせで、「ジェロームがどうやって生産者の方を選んでいるのか」という話になったことがある。この時ジェロームから聞いた「グッドコミュニティ」という基準が、その後も、ずっと僕の中に強烈に残り続けた。

出典:『FRaU SDGs MOOK「おいしい」の未来。』講談社・2021年刊
Photo : Tetsuya Ito

この10年、ｄ47食堂の定食開発のため、各地の郷土料理の飲食店や生産者の方々を訪問してきた。その中で、観光に来た人たちは気に入っているけれど、地元の人たちはそこまで良いとは思っていない、という話があったり、自然栽培を目指して頑張って育てていることはわかるけれど、正しいとされるつくり方への意識が厳し過ぎて、どこか自分の気持ちが晴れないことがあった。

確かに厳しい意識で栽培されたその食材は、良いものであるに違いない。でもその野菜たちをｄ47食堂で取り扱い、生産者の方々と関わりを持ちつづけたいと、なぜか心から思えないことがあった。食材を扱える喜びが湧き上がってこない。その理由はどこにあるのかと思っていた時に、ジェロームの言葉「グッドコミュニティ」を思い出す。

厳格な自然栽培を目指すがゆえに、何かその目的に生産者自身が支配されているかのような様子に、僕は違和感を感じていたんじゃないか、と気が付いた。一緒にいてどこか明るくなれる、お互いのことや、地域の未来や、食の未来を一緒に語り、想像し合うようなやりとりに発展していく……、そんなコミュニケーションをとれる関係が「グッドコミュニティ」。

ならば、一緒にグッドな未来を想像し、時に意見を言い合うことがあっても、そこにも一緒に付き合い、解決し、もしくは並走し、今より、少しでも良くしていこうと思い合えることこそ、飲食店が食材を取り扱い、継続的な関係を続けることだと思えた。

つまり、僕の出した結論は、食材を取り扱う以上は、こちらも生産者の暮らしや、その土地の食文化を伝える方々の生き方に共感し、取り組むことが必要だ、ということ。食材が生まれた背景や、それらのまわりにある風土・文化も含めて、d47食堂では伝えたいと考えるようになった。

僕たちが食材のつくり手や食文化に関心を持つことはもちろん大切だが、同時に、つくり手の方々からもd47食堂の「各地の食文化を伝えていきたい」という考えに関心を持っていただけるか、も重要になる。

d47食堂でどの食材を取り扱うかの基準は、味や安定した仕入れができるか以前に、まず「つくり手と店が、お互いに関心を持ち合えるか」だ。これが、今でもつづくd47食堂の食材選びの基準となっていった。

この3章では、僕たちが食堂を通して、共に良い未来をつくりたい、共に生きたい、そう思えたグッドコミュニティな取り組みをつづける生産者のことをご紹介したい。

チャレンジ精神と未来志向の先にある「無茶々園《むちゃちゃえん》」のジュース

ミカンジュースには、大きく二種類ある。一つは、果実を搾るだけのストレートジュース。もう一つは、流通のことを考えて、収穫した果汁を濃縮してペースト状にして消費地で水分を加える濃縮還元ジュース。

濃縮還元ジュースは、ストレートジュースよりも流通に向いているため、価格を安くできて、大量生産にも合うけれど、濃縮還元ジュースのどこか喉に引っかかるような、果実そのものではあるにしても、そのままではないような、独特な風味が残る。

一方、ミカンそのものの味わいをしっかり感じることができるのはストレートジュースの方。搾ったまま、ということは、そのミカンがどんな環境で、どのような育て方をされたのか、そのジュースの安全性や美味しさに直結してくる。

d47食堂の立ち上げ準備中、「できれば安全で美味しいミカンジュースを」と、ソフトドリンクのメニューとして紹介したい生産者を探していた時に出会ったのが、愛媛県西予《せいよ》市明浜《あけはま》町の「無茶々園」さんだった。

彼らの柑橘《かんきつ》ジュースの種類は約20種と豊富で、季節ごとに品種が変わっていく。ジュースそのものから季節を感じることができ、温州ミカン、ポン柑、伊予柑、ネーブルオレンジ、不知火《しらぬい》、せとか、清見オレンジ、甘夏、河内晩柑と、毎年10月から翌年6月頃まで、本当にさまざまな柑橘を無茶々園のストレートジュースから楽しむことができる。

なぜ愛媛県がミカン産地となっているのか。

明浜町は山から海に向かって急斜面があり、その斜面に沿って段々畑がつくられている。日射量が十分なことはもちろんだが、さらに海からの反射光が加わる。また石灰岩質の岩を使って段々畑の石垣をつくっていることで、その石灰岩質の白い岩肌もまた太陽光を反射する。おいしいミカンの栽培に必要な日の光をたっぷりと得ることができるのだ。

これら3つの日射のことを地元では「3つの太陽」と呼ぶそうだ。また、石灰岩が混じった土質は、水はけが良いから、樹は頑張って地中から水分を吸い取ろうと根をしっかりと深く張るようになる。結果、樹はたくましく育っていき、その健康な樹から生まれる柑橘も力強い味わいとなる。水はけがよいことで水っぽさにつながる過剰な水分がない。この水はけの良さが味の違いにも影響を与えている。

さらに、昼夜の寒暖差もあることで、甘みが増したり、味わいの深かさにつながっていく。12月の中旬にうかがったのだが、明浜町はぽかぽかとした陽気に包まれていて、愛媛にはすでに春がやって来たかのよう。そして夜は静かにすっと気温が下がった。

愛媛県では昔からミカン栽培をしていたのか、無茶々園創業メンバーでもあった片山元治さんの奥さん、片山恵子さんにたずねると、実はそうではなくて、愛媛県のミカン栽培はおよそ40年前に国策として始まったのだそうだ。海沿いの段々畑は、江戸期からあったそうで、ミカン栽培を始める前は、サツマイモや麦、養蚕のためのクワなどを育てていたらしい。

無茶々園は1974年に、ミカンの有機栽培に取り組む、若手主体の農業者の集まりとして明浜町でスタートした。

片山恵子さんに創業時のお話をうかがった。当時は、国策でミカン栽培が奨励された結果、全国でミカン栽培が広がり、生産過剰な状況だったということ。結果、市場でミカンの価格が低くなり、自分たちで価格を決めるこ

甘夏
MUCHACHAEN
AMANATSU

とができないジレンマが生まれていったそうだ。またこの頃、環境汚染を取り上げた有吉佐和子さんのベストセラー小説『複合汚染』の新聞連載もスタート。農家に限らず、生活者の意識にも大きな影響を与えた。

「無農薬でつくるぞ！」と売り先も考えずに、地域内の1500平方メートルの伊予柑畑を無農薬栽培の実験園にするという「無茶」をしたことが、無茶々園の始まりだった。

そして、市場を通さずに自分たちで価格を決め流通していく道を選ぶが、現実は厳しい。つくったはいいものの、どう流通するかを決めずに始めたこともあって、何日も売り歩いたものの、手応えがないから家にも帰れない……という日々もあったそうだ。恵子さんたち奥さん連中は「お父さんたちはいつ帰ってくるのだろうか……」と心配する毎日だったと言う。

無鉄砲とも言えるスタートだが、この地域で暮らし、自分たちの足でしっかりと生きていくための選択をしたのだ。もし、どこかに間違いがあったとしても、まずは行動を起こす。そして、今よりもう一歩良くしていきたい、と考えて行動をしたことに心から敬意を払いたい。

現在、無茶々園のつくる加工品は食品だけでなく、化粧品にも展開し、地域福祉などにも取り組みが広がっている。創業のチャレンジ精神は、今もしっかりと受け継がれ、無茶々園に関わる方々は共通して、未来を明るく志向している様子を感じた。

「農薬や化学肥料に頼らないミカン栽培」を基本の考えに持つ無茶々園にとって、大切にしたいのはミカンの外見よりも味の良さ。そのため、市販のミカンに比べると、形や色がきれいなわけではない。

加工場で他の地域の生産者のミカンと比べると、無茶々園のミカンは粒が小さく、皮に黒い斑点も多くて、明らかに見た目が悪いそうだ。しかし、搾ったジュースは、他に比べてより赤みが濃く、そして糖度が高い。

茶々園で生る

みかんカタログ

温州みかん

酸味　ふつう
甘み　ふつう
内皮　薄く柔らかい
果汁　たっぷり
サイズ 5〜8cm
季節　10〜12月

甘夏

酸味　強い
甘み　ふつう
内皮　厚め
果汁　ほどほど
サイズ 9〜12cm
季節　3〜6月

ネーブル

酸味　ふつう
甘み　ふつう
内皮　薄く柔らかい
果汁　たっぷり
サイズ 6.5〜10cm
季節　2月

不知火(デコポン)

酸味　ふつう
甘み　とても強い
内皮　薄く柔らかい
果汁　たっぷり
サイズ 7〜10cm

酸味　ふつう
甘み　強め
内皮　薄く柔らかい
果汁　ほどほど
サイズ 6〜9cm
季節　1〜2月

八朔

酸味　やや強い
甘み　ふつう
内皮　厚め
果汁　ほどほど
サイズ 8.5〜11cm
季節　2〜3月

弓削瓢柑

酸味　ふつう
甘み　ふつう
内皮　少し厚め
果汁　ほどほど
サイズ 6.5~9cm(横)
季節　5月

ゆず

酸味　とても強い
甘み　少ない
内皮　厚め
果汁　たっぷり
サイズ 6〜9cm
季節　11〜12月

文旦

酸味　やや強い
甘み　ふつう
内皮　厚め
果汁　ほどほど
サイズ 10〜13cm
季節　2〜3月

清見

酸味　ふつう
甘み　ふつう
内皮　薄く柔らかい
果汁　たっぷり
サイズ 6.5〜9cm

309
宇都宮　幸紀
8
キャリー
出荷

生産者と同じ思いを持つ消費者がいれば、ミカンそのものの外見を良くするために、わざわざ農薬を使用する必要はない。一般流通で不特定多数を目指さないことを選んだことで、勝ち得たことと言える。現在、無茶々園の農家はおよそ80軒、また、その栽培品種もミカン以外の野菜なども含めて、50種以上となり、無茶々園の活動を理解し支援する方々も全国に広がっている。

無茶々園のある明浜は山と海が近く、その中で実際に生産者の皆さんも生活をしている。農業も生活も、その全てが海の環境に直接影響を与える可能性があるため、地元の漁業者と協力し、合成洗剤を使わないなどの生活改善の取り組みも行なってきた。

無茶々園にとって、ミカンづくりは目的ではなく、あくまで手段。この地で長く心豊かに生活を送ることができることが、本来の目的だ。そのため、

高齢化の進む地域内の福祉の取り組みや、これからの若手農業後継者の育成を目的とした新たな有機農業の大規模化を進める事業も始めている。

創業当時の思いが、往々にして新しい世代のチャレンジを阻害してしまうことも起こりうる。しかし、無茶々園のように柔軟に、どの時代になっても次の時代を背負っていく若者たちがどう生きるかを考え、若者たちの未来を先代たちが見守り、応援していく懐の深さに僕は未来を感じた。

生産者一人が思い立って取り組むのはリスクも高い。こうやって仲間がいるからこそトライでき、次を切り拓くことができるのだろう。

取材に同行くださった、無茶々園の広報・藤森美佳さんは、「無茶々園にとっての判断基準は、この町にとっていいことかどうか。そして若い人の取り組みを、とにかくやってみようと後押しすること。〝続く〟ためには現状維持ではなく発展させることが必要」と、教えてくれた。無茶々園の新たな取り組みが、全て事業としてうまくいくとは限らない。しかし、始めたプロジェクトは、なんとか10年は見守って育てていくと言う。

無茶々園で働く人は、みんなこの明浜の気候のようにどこか温かい。「この場所で生きていく」と、考えて取り組むことは、町のためになり、それを信じて歩み続ける意識が、多くの挑戦を支え続けている。

僕たちは、ｄ47食堂で無茶々園のジュースをテーブルに出しながら、いつも彼らのそんな思いの上に生まれた飲みものであることを感じている。つくり手の方々からいただく勇気を、分けていただいているのだ。本当に励みになる。彼らがいるから、僕たちもいる。そうやってひとつひとつ、ｄ47食堂のメニューを選ぶことが「誰と一緒に生きていくか」を考える行為につながっている。

1834

天然ものから養殖ものへ、老舗昆布専門店「こんぶ土居」の決意

本書で何度も触れている大阪の老舗《しにせ》昆布専門店「こんぶ土居」（P.352下）。その活動について、もう少し触れておきたい。

北海道の函館市沿岸部、良質な真《ま》昆布の生産地として知られる白口《しろくち》浜。いくつか浜の集まる白口浜の中でも、川汲《かっくみ》浜の天然真昆布は、上品で強い旨味があり、献上昆布として朝廷に納められていた歴史を持つ。今、その生産環境に大きな変化が起こっている。

大阪の昆布出汁文化を伝える「こんぶ土居」は、この川汲浜の天然真昆布を仕入れ、熟成を見定め、良質な出汁昆布だけを料理人や消費者に届け

てきた。2019年、現代表である土居純一さんから、d47食堂に一本の連絡が入った。

「天然真昆布の不作が続いているので、養殖真昆布へ切り替えます」。

昆布の生産量は、30年前と比べて現在はその半分以下に落ち込んでいる。食生活の変化による昆布の消費量の減少、生産者の急激な減少に加えて、近年は、地球規模の水温上昇や、山から海へとつながる浜周辺の生態系の変化（森林伐採や、沿岸部に道路が敷設されるなどの人的要因）、さらに他の養殖産業の影響で食物連鎖に変化が起こるなど、複合的な要因が重なって、昆布の生態系に大きな影響が出ている。

真昆布の収穫量の中で、天然真昆布の生産量はたった1パーセント。昆布は2年生の海藻で、本来は2年育成した方が味が良い。若鶏よりも親鶏の方が肉の旨味が強くなることと似ている。しかし、2年養殖で出荷される昆布は全体の収穫量の1パーセント程度に過ぎず、[*]1年の栽培で回転率を上げて収穫する促成栽培養殖の方が、圧倒的なシェアを占めているのが現実だ。

同じ面積で収穫量を上げるなら、短期間で収穫できる方が効率的。しかし土居さんは、近年つづく天然真昆布の大不作の中、舵《かじ》を切る。これまで自分の店「こんぶ土居」で取り扱う昆布は天然ものが中心だったが、段階的に良質な2年養殖昆布へ切り替えるという大きな決断をした。

＊南かやべ漁業協同組合2023年生産量予想データより

僕たちｄ47食堂も、土居さんの決断を100パーセント応援したいと思った。偶然にも、木桶《きおけ》で仕込む醤油も醤油生産量全体の1パーセントほど。ヤマロク醤油や「木桶職人復活プロジェクト」に関わる彼らが、「1パーセントの需要を取り合うのではなく、みんなで2パーセントにしよう」そう語っていたことを思い出しながら、これからどんどん希少品となっていく、熟成貯蔵された天然真昆布にこだわらず、一緒に次の未来を見つけていくために2年養殖昆布を選ぶことは、僕たちのｄ47食堂にとっても自然な判断だった。

少し話は逸《そ》れるが、僕が常々、ｄ47食堂のスタッフたちと話していることがある。それは、希少なもの、手に入らないものを過度に求めたくなる欲求への違和感だ。

確かに、珍しい食材を店で提供ができるとなれば、お店の集客にもつな

「大阪定食 こんぶ土居のロールキャベツ」(写真上)。
昆布出汁でじっくりと炊いたロールキャベツ。
だしがら昆布のきんぴらなど。

がり、お客さんにもきっと喜んでもらえるに違いない。しかし、需要と供給のバランスが崩れている最中に、僕たちがこれまでと同じように生産者に、「欲しい、欲しい」と求めつづけていくことは、果たしてその生産者と一緒に生きていることにつながっているのか、と立ち止まって考えるべきだと思っている。そして、過度に欲しいと思ってしまう心持ちでは、本当の郷土料理をつくり、伝えていくことはできないと思っている。

土居さんは、先代から続けている活動として、実際に昆布の生産地に足を運び、生産地の子どもたちに「食の学校」と題して、良い昆布と、昆布の食文化を伝える授業を行なったり、生産地の高校生の社会学習として、「こんぶ土居」の店舗で研修の受け入れも行なっている。土居さんは、白口浜で続いている昆布漁が、社会と、世界と、どうつながっているかを、これからの若い世代に感じてもらうことを、生産現場の後継者育成として大切にされている。

いつの時代も、これからの社会を変えていくのは若い人たち。若い力で、世界中の情報を駆使すれば、白口浜をはじめとする昆布産地での天然真昆布の不作が続く危機的状況を解決できる糸口も見出すことができるかもしれない。もちろん、今の大人たちがその姿勢をしっかりと見せていくことは大前提と言える。

「地球規模の自然変化は人間の力ではどうしようもないこともあるけれど、人の手で悪くしてしまったことは、人の手で解決できることもあるはず」(土居さん)。

土居さんが、生産者や、時に研究者、行政、僕たちのような飲食店も一緒に、真昆布の未来を考える活動が、静かに、しかし強い共感を持って、広がり始めている。

昆布の種類と特徴

種類	主な産地	特徴
真昆布（まこんぶ）	函館沿岸	厚みがあり幅が広い。昆布の高級品。上品な甘味をもち、清澄なだしがとれる。
羅臼昆布（らうすこんぶ）	羅臼沿岸	茶褐色で羅臼オニコンブの別称があり、香りがよくやわらかく黄色味を帯びた濃厚でこくのある高級だしがとれる。
利尻昆布（りしりこんぶ	利尻・礼文・稚内沿岸	真昆布に比べてやや固め。透明で風味の良い高級だしがとれ、会席料理などに使われる。
日高昆布（ひだかこんぶ）	日高沿岸	濃い緑に黒味を帯びている。柔らかく煮えやすい。だしにも使われる。
長昆布（ながこんぶ）	釧路・根室地方沿岸	6～15m と長く、生産量が最も多い。佃煮や昆布巻などとして加工される。5・6月にとれた物を棹前昆布という。
厚葉昆布（あつばこんぶ）	釧路・根室地方沿岸	長昆布と同じ地域に生育する。葉に厚みがある。
細目昆布（ほそめこんぶ）	北海道の日本海側沿岸	幅が細く、1年目に採取される。切り口が最も白く、細目の葉形で粘りが強い。
ガゴメ昆布（がごめこんぶ）	函館沿岸	表面に籠の編み目のような紋様がある。粘りが強く、とろろ成分が多い。

日本昆布協会ウェブサイトから引用）

本の昆布の 90%以上は北海道産ですが、
所によって採れる昆布の種類が違います。
や食感など、使い方が異なりますので
途に応じて種類を選びましょう。

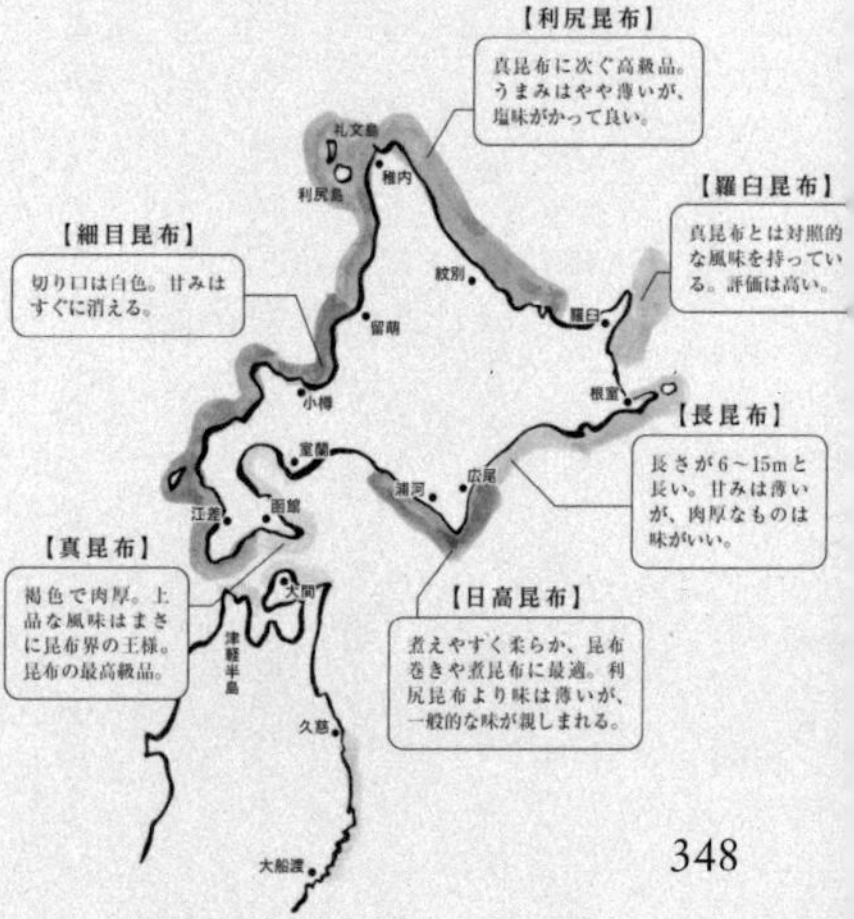
【利尻昆布】
真昆布に次ぐ高級品。うまみはやや薄いが、塩味がかって良い。
【羅臼昆布】
真昆布とは対照的な風味を持っている。評価は高い。
【細目昆布】
切り口は白色。甘みはすぐに消える。
【長昆布】
長さが6～15mと長い。甘みは薄いが、肉厚なものは味がいい。
【真昆布】
褐色で肉厚。上品な風味はまさに昆布界の王様。昆布の最高級品。
【日高昆布】
煮えやすく柔らか、昆布巻きや煮昆布に最適。利尻昆布より味は薄いが、一般的な味が親しまれる。
礼文島
利尻島
稚内
紋別
留萌
羅臼
根室
小樽
室蘭
浦河
広尾
江差
函館
大間
津軽半島
久慈
大船渡

真昆布
長万部
八雲
落部
森
砂原
鹿部
大船
臼尻
安浦
川汲
尾札部
最高銘柄！
白口浜
木直
恵山
古武井
尻岸
日浦
西戸井
小安
石崎
宇賀
根崎
函館
上磯
当別
知内
本場折浜
黒口浜

真昆布地域拡大図と
浜格差

2020年以降、コロナによって世界は一変した。世界中を旅して回ることが簡単だった世界は、交流をなるべく避け、今そこにいることを余儀なくされた。世界同時に起きたこの状況下で、国内では多くの事業支援策が講じられた。土居純一さんは、未来に昆布文化を伝える場所をつくろうと、支援を活用しながら、「大阪昆布ミュージアム」を立ち上げた（P.352上）。

店という存在は、どれだけ意識高く、社会的な取り組みを発信する活動をしていたとしても、どうしても商売の延長で見られてしまう側面がある。いろいろなメディアや、SNSで発信をされても、その声の届き方は、最終的には「昆布を買う」ことに着地してしまうことも多い。

もちろん、昆布消費が落ち込み、生産者にとっての経済的ダメージを考えると、昆布の消費が少しでも増えていくことは、大事な取り組みであることには間違いはない。

でも店をやりながら、環境的な課題、産業としての課題、後継者の問題などについて考え、それを多く語れば語るほど、目の前のおいしい食品は、少しずつ、おいしさから離れてしまうジレンマもなくはない。

僕たちのｄ47食堂でも「多くを語れば、おいしさから離れてしまう」ということを強く意識している。

僕たちが届けたい思いや情報は、いつも、少しずつ。回を重ねながら、お客さんの関心の目が開いた瞬間に、そっと差し出すように心がけている。伝えたい大切なメッセージは、お互いに関心を持ち合えている時にこそ、本当に伝わるもの。そして、ｄ47食堂に夕食を食べに来て、もし出された料理の何かが気になっている方がいたら、僕たちは、次のステップになる何かを用意する。

背景をより深く伝えることもあれば、生産者のもとへ訪問しお話を聞ける機会があれば、その会をご紹介することもある。

土居さんが2022年に設立した「大阪昆布ミュージアム」では、生産背景を伝えるものから、実際に土居さんが昆布を熟成させている環境を見る展示室や、出汁取りもできるキッチン付きワークスペースがあり、昆布の背景を伝えることに集中できる環境をつくり上げた。その結果、思わぬ効果があったと土居さんは言う。

メディアの方々や、海の持続性に関わり政策提言などをしている方に向けて、こんぶ土居が、より具体的に、メッセージをお伝えする機会が、少しずつ生まれつつあると。

「ものにはまわりがある」とは、D&DEPARTMENT創業者のナガオカケンメイの言葉。自身の事業に関わることは、その事業が含まれる産業に

土居
土居

も関わり、その産業が関わる社会や環境にも大きく関係性を持つ。そして、10代や20代の若い世代は、就職先や移住先を決める時に、その会社が、地域が、いかに社会的な意義を持っているのか、重視する傾向もある。

応援したい人がつくる食品を買う。それは、そのつくり手が関わっている食品の背景や活動に、応援の一票を投じることと同じだ。今、目の前で何を選び、買うのか、僕たちは、そのもの以上に、その「もののまわり」を学び、自分自身に選ぶ基準を身に付けていく必要がある。店でその食材を扱うことは、土居さんが行なっているような昆布産地や昆布産業に関する活動を応援することに並走する手段にもなり得る。

UMITO Partners
1st Anniversary
Jam with the ocean
2022.6.1.wed

「UMITO《ウミト》 Partners」がしかける
サステナブル・シーフードという草の根活動

昆布の生産環境の現状に少し触れたけれど、海藻に限らず、海や川や水産資源の持続性については、現在多くのメディアでも取り上げられるようになった。SDGsの重要性が国策や企業姿勢として問われる時代になり、今まで多くを語られることのなかった社会背景にも注目が集まるようになった。

同時に、多くの取り組みが、新たな環境配慮型ビジネスに力を貸すだけの取り組みになっていると感じることもあり、実際に何を選び取ることが本当に貢献できているのかがわかりづらくなっている状況もある。

ものの背景をどれだけ適切に自分自身で把握していくか、という選ぶ側の知識や視点、考え方が問われる時代になったと言える。

海の持続性や、水産資源の持続性のための取り組み「サステナブル・シーフード」の活動を行なう、UMITO Partners の代表・村上春二さんとの出会いは、実は先にも書いた、BEARDの原川慎一郎さんや、ジェローム・ワーグさんとのご縁で生まれた。

カリフォルニアでサーモンの生態について研究をしていた村上さんは、帰国後も、自分が好きな海の環境にまつわる事業を始めようと考え、サステナブル・シーフードに関連する団体に参加した後、自身の会社を立ち上げた。

彼の視点は、環境的側面だけに限らず、海の産業に関わる、漁協や漁業者を含めた経済循環、その地域につづく文化も含めた文化的な循環など、環境・経済・文化の3つの軸で、その持続性を総合的に考えるという視点があり、僕はそこに強く共感した。

環境だけを考えれば、漁業をやめれば、海の生きものは自然に増えていく。実際、福島県では震災後、その周辺地域で漁業が制限されたことで、一帯の水産資源が大幅に増えた。しかし、それは同時に、漁業者にとっては職を失い、地域につづく食文化もまた衰退してしまう結果になった。

人間の営みや生活もまた、自然を含む大きな循環の一部として考えることが、僕たちが応援したい海の持続性なのでは、と思い彼らと並走していく取り組みを始めていくことに決めた。


村上さんたちが取り組む事業の一つに、国内外の持続性の裏付けを担保する認証制度の取得サポートがある。現在、すでに岡山県邑久町《おくちょう》のカキや宮城県女川町《おながわちょう》ギンザケの漁業者がUMITO Partnersの認証サポートの取り組みに参加、北海道苫前町《とままえちょう》のミズダコ、千葉県船橋市のスズキなどの地域の事業者との共同プロジェクトを多く抱えている。

d47食堂では、2022年より「海のエコマーク」ともいうべき認証を取得した水産資源をメニューに使って、実際に食事をしていただける機会をつくっている。

僕たちが店をやりながらできることは限られるが、流通量が増えることに少しでも力添えできれば、認証を得た漁業の事業性を支えることにもつながり、その先に「おらが村の漁協も参加すっべ」と、ゆっくりじっくり、海の持続性につながる漁業方法にシフトしようという輪につなげたいと思っている。

並行して、東京・渋谷区にあるコミュニティFM「渋谷のラジオ」にて、「SHIBUYA d&RADIO」というラジオ番組を月に数回、僕自身がパーソ

ESPADA

ナリティとなり、毎回日本各地の方をゲストとしてお招きして、地域に長くつづく食文化を伝えるメディアとして発信をしてきた。2022年度は、UMITO Partnersの村上さんにもパーソナリティの一人として参加いただいた。1年かけて、研究者や漁業者、シェフ、農林水産省の方もゲストにお招きして、さまざまな方面から話を聞いていく機会を村上さんと一緒につくってきた。

海は世界とつながり、産業は多層に絡み合い、どんなに希望のある取り組みでも、「これで解決する」という明確な答えはないのだな……ということだけは、はっきりとわかった。しかし、それだけに、考えるきっかけは大切で、小さくとも考えるきっかけを生み出し続ける草の根活動は必要だ。

「環境や未来に対して適切な漁業をしていれば、高くても買いたい人がいる」ということができれば、少しずつではあるが、海の資源や環境をより良い方向にシフトさせていける可能性は生み出せると信じている。

自然との関わりが深いものごとは、長期的な取り組みが必須になる。例えば、漁業禁止や魚食禁止、といったようなラディカルな変化を狙って社会に大きく発信したら、必ず逆ベクトルの動きが生まれて、議論が平行線をたどってしまうことがある。

だから僕は、環境や持続可能性などの大きな問題に対しては、小さな変化の種を全方向にちりばめて、少しリアクションがあったものを注意深く観察し、そこにまた小さな次のアクションを重ねていく方がいいと思っている。ある意味、誰にも知られないうちに小さな変化を繰り返していくと、邪魔されることなく、じわりじわり、時間をかけた分だけ、緩やかで確実

岡山県瀬戸内市邑久町の
「邑久カキ」を使った、
カキフライと牡蠣めし。
料理：植本寿奈

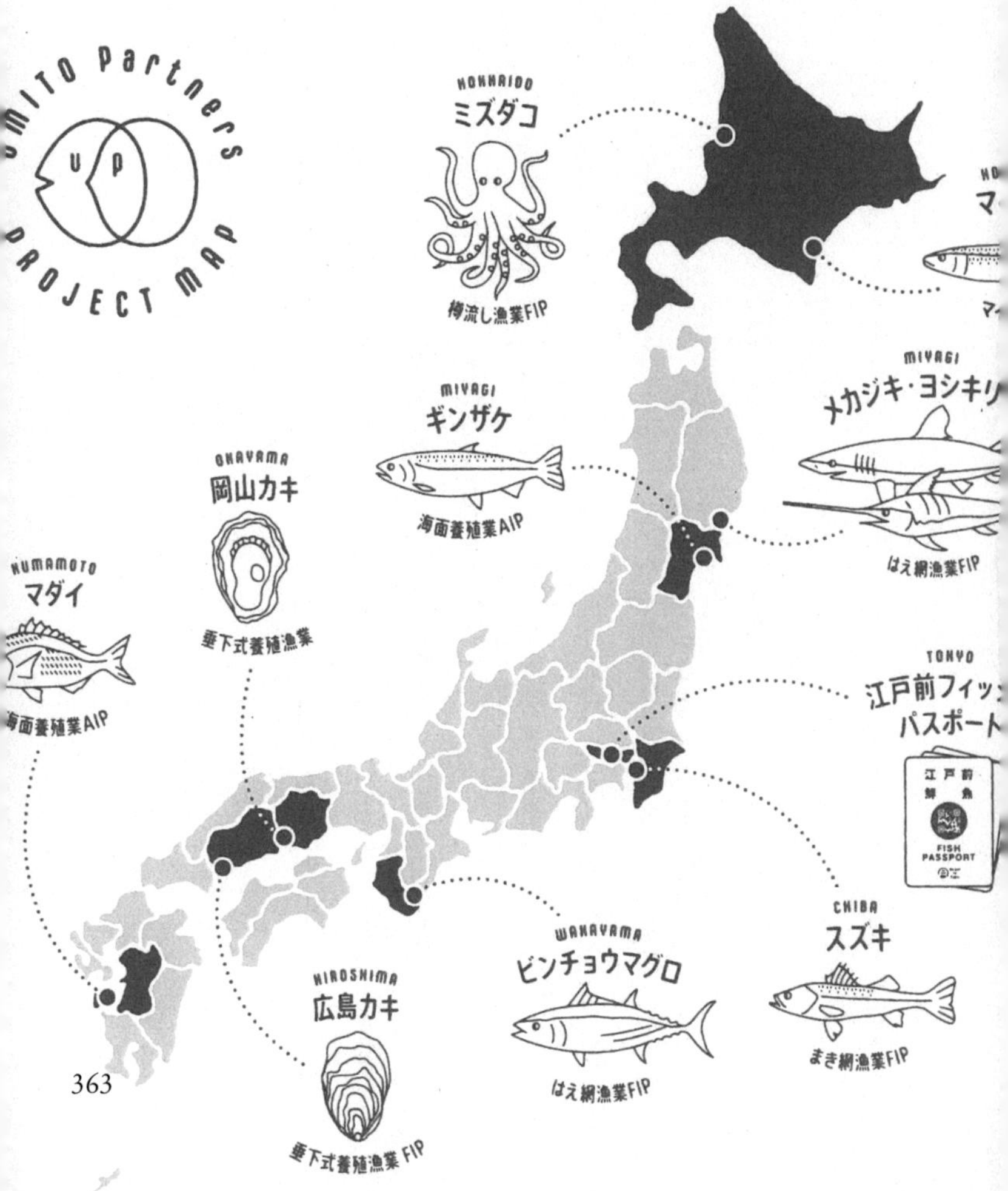
UMITO Partners
PROJECT MAP
HOKKAIDO
ミズダコ
樽流し漁業FIP
MIYAGI
ギンザケ
海面養殖業AIP
MIYAGI
メカジキ・ヨシキリ
はえ縄漁業FIP
OKAYAMA
岡山カキ
垂下式養殖漁業
KUMAMOTO
マダイ
海面養殖業AIP
TOKYO
江戸前フィッ
パスポー
江戸前
鮮魚
FISH
PASSPORT
CHIBA
スズキ
まき網漁業FIP
WAKAYAMA
ビンチョウマグロ
はえ縄漁業FIP
HIROSHIMA
広島カキ
垂下式養殖漁業 FIP

な変化を促せるのではないかと考えるようになった。

それは、土のことを学んだ時に思ったことでもある。海の中は、そのままでは人が暮らせない環境だから、想像力を働かせることがちょっと難しい。でも、身近な環境、例えば、自分たちが住む土地の暮らしと地続きになっている農地の土壌で考えてみよう。

農薬や化学肥料漬けになってしまった大地を、草や虫や微生物が、彼らの暮らす環境となる場所として、時間をかけて自然な状態に変えていく。人間の意思よりも、そもそもそこに自然な状態で暮らしている彼らの中にこそ答えがあるのではないだろうか。

餅は餅屋。人間ができることは、自然をより良い自然に変えるものたちのあり方を理解し、積極的に見守ること、見守り方を見出すことかもしれない。海や川や湖がより良い状態になるために、人ができる良い見守り方とは何かを、これからも考え、小さな変化のタネをまく、そんな草の根活動を続けていきたいと思う。

IPA

麦で耕し大豆で肥やす、「鹿嶋パラダイス」の自然栽培

茨城県鹿嶋市でクラフトビール「パラダイス・ビア」を醸造する鹿嶋パラダイスの唐澤秀《しゅう》さん(P.366)。

自ら大麦を自然栽培で育てて、ビール造りを手がける彼とは、D&DEPARTMENTが2021年発刊した観光文化誌『d design travel』の茨城号の取材で始まったご縁。

唐澤さんの自然栽培に対する考えは、過度な自然回帰的な思考ではない。「おいしいからつくりたいし、おいしいから広まってほしい。なるべく手間をかけ過ぎずにやれるならその手段も考えたい」と、事業も農業も合わせて、自然体な姿勢で取り組んでいる。

この唐澤さんのスタンスに共感して、d47食堂スタッフと一緒に何度も

鹿嶋に足を運んだ時期がある。農薬や肥料を使わずに育てる自然栽培は、言わば、人間がコントロールし過ぎず、自然の力、作物の力を最大限引き出して育てる栽培方法。

唐澤さんは、自身で製造するクラフトビールの主原料、大麦を自然栽培で育てる。ちなみに、大麦の裏作には大豆を育て、大麦と大豆の二毛作を行なっており、実はこの二毛作が、唐澤さんが自然栽培を行なうための重要なメソッドと教えてくれた。

「麦で耕し、豆で肥料をやる」。

土づくりを主体にした農業だ。麦は、地中深く根を張る植物。根が地中に隙間《すきま》をつくってふかふかの土にするから、土を耕すことに近い。また大豆の根に共生する根粒菌が、土中の窒素分を植物の栄養素に変換する働きを担う。野菜もしかり、あらゆる生物は、何を吸収したかがその味に直結

LIFE IS
PARADISE

するため、自然栽培は、肥料や堆肥の成分や匂いに影響されない、その環境やその土地でしか味わえない素材をつくる最適な農法と言える。

しかし、農薬や化学肥料を使っていて地力が弱くなった畑では、野菜などの自然栽培ができるようになるまで、麦と大豆の二毛作を何年も繰り返す必要がある。良い土をつくる能動的なアクションでもあるが、自然な状態になるべく自然な方法で、良い土に還ることを待つ取り組みと言える。


唐澤さんは、大麦や大豆をそのまま何かの原料用として流通させると、今の日本では二束三文にしかならないと言う。また、どんなに良い作物をつくっても、味わってもらえる場があって、初めて理解されるものだということも、唐澤さんは以前、農業法人で働いていた時に経験してきた。

そこで、大麦はビールに、大豆は豆乳のジェラートや、おからドーナッツ、納豆などを製造して事業化する取り組みを始められた。唐澤さんの農場の土は、触れるとふわふわと土の中に空気がたっぷり含まれているような、そんな感触がある。自然栽培のために麦と大豆を育て、良い土ができあがれば、他の作物も育てていく。そうやって、日本中に自然栽培のできる環境を取り戻していき、自然栽培のおいしさが、みんなの生活の普通になっていく楽園（パラダイス）を目指していくことが、唐澤さんの掲げるミッションだ。

自然栽培を特別なことにしない。自然栽培が普通にある社会になったら、おいしい食べ物を普通に買うことができて、それってパラダイスだよね、という未来を明るく考えるあり方に、僕たちも応援したいと思って、d47食堂では、定期的に唐澤さんのつくったビールの取り扱いを続けている。

耕作放棄地と里山の風景

自然栽培や有機農業に関心を持つ若い新規農業者は増えている。しかし、新規参入者が増えるスピード以上に、耕作放棄地が加速的に増えているのも事実。ある一定以上の面積を、少ない人数で効率よく担当していかなければ、収穫率があまり高くないとされている自然なつくり方での農業を事業として継続することは難しい。

耕作放棄地となっている場所は、ある意味で過酷な生産環境であった場所が多い。過酷な農地から順に手放されているのが現実で、機械で農作業ができない棚田などの場所ほど、耕作放棄される可能性は非常に高い。

そんな中、奈良県の健一自然農園の三年晩茶の生産について取材をする機会があった。それは、耕作放棄地への一筋の光と感じるお茶の栽培方法だった。丸3年以上、自然に育ったお茶の木を、冬の時期に根元から伐採し、茶葉も茶木も全部使って、焙煎《ばいせん》してお茶にする。焙煎香が芳《かぐわ》しく、時間が経つとまろやかな味に変わり、長く飲み続けられるのが特徴だ。また、生命は、身も皮も、全体で一つのバランスの取れた生き物だから、それらを丸ごと食べることが良しとされる「一物全体食」の思考の観点からも良いとされるお茶だと言える。

およそ3年間は自然に任せてよいつくり方には、これら各地に増えていく耕作放棄地の使い方の一つの選択肢になり得ると感じた。どうしても生まれてしまう耕作放棄の問題と並走して、できうる事業の可能性はまだまだ未開拓で将来性に溢れている。問題を創造の種にする事業は少しずつ増えつつある。

また、耕作放棄地は「農地が荒れる」という農業的な課題とは別に、景観的な課題になっていることもある。

新潟県十日町市の越後妻有《つまり》の地域では、日本の美しい里山に選ばれる棚田がそこかしこに広がり、春夏秋冬、それぞれの魅力ある景色に包まれる。それは同時に厳しい自然との戦いでもある。耕作放棄地は、耕作放棄せざるを得ない場所から生まれていくことは先にも書いた。棚田は一枚一枚が細かく分かれ、有機的な形状をした田畑が、幾層にも重なっていくと、より一層美しいと感じるもので、それは裏返すと、美しければ美しいほど、維持が難しいという現実も。

「大地の芸術祭 越後妻有アートトリエンナーレ」を運営する「NPO法人 越後妻有里山協働機構」は、まさにこの景色を未来に残すための活動を行っている。東京に活動拠点を構えて世界中で芸術祭を企画運営するアートフロントギャラリーの代表であり、協働機構の理事長の北川フラムさんによって、国際芸術祭の運営という得意分野を活かしながら、いかに里山の風景を残すかを考えた先に、彼は自ら農業スタッフを雇用し、耕作放棄地を請け負い、魚沼産コシヒカリ「大地の米」をつくり始めた。

現在、「まつだい棚田バンク」として、参加会員を募り、生産段階から先買いをしてもらう取り組みを行なっている。僕たちd47食堂でも、長く法人会員として参加していて、実際に現地に行き、田植えや草刈り、稲刈りなどに参加してきた。

日本中、津々浦々に暮らし、文化を生み出し、本当に多様な景色を守り続けてきた先人たちの努力を無駄にはしたくないという思いは誰しもが抱く。しかし、実際に、その土地に暮らしていない僕たちが、きれいごとのように「美しい棚田を残そう」と言ってしまうのはどこか空々しく、他人事にしかならないものだ。


農作業のマンパワーでも、米の購入でも、連絡を取り合うことでも、たとえ小さくても地域との関係をつくり、お互いを知り、そのつながりを続

Photo：Noriko Yoneyama

けていくこともまた、棚田を残すためにできる、大切な一歩だと思う。高齢化も、少子化も、自然環境の変化も、獣害駆除も、さまざまな要因が重なって今の状況が生まれている。だから、何か一つ実現できたら全ての問題が解決する、ということはない。だからこそ、細くとも長く付き合い続けていくことから始めることが大切だろう。

景色を守ることが事業になり、持続するためのヒントは、必ず継続の中で見出すことができるはず。例えば、徳島県神山町の農業法人「フードハブ・プロジェクト」は、まさにそれを体現していこうと粘り強く活動を続けている。

フードハブ・プロジェクトは、地域の持続的な社会を目指して、地産地食の活動を始めている。農業チーム、食堂チーム、食育チーム（2022年NPOとして独立）など、複数のチームで組織され、神山町で農業から食堂やグロッサリー、パン屋まで、つくることと食べること、そして次の世代につなぐことを視野に活動を続けている（P.380）。地域の食堂では、メニューの地産地食率を数字で表し、食べに来た人たちはどれだけの比率で実際に神山の食材を食べているのかを瞬時に実感できる。今では、町立小中学校の給食や、神山まるごと高等専門学校の学食運営も手がけている。

また、東京にも出店し、神山の新鮮な食材が消費地東京でも紹介され、距離は関係なく、共感によって地域を超えてつながり、消費地とローカルは新たに結びつきながら、流通や消費のあり方を見直す視点を与えてくれる。

僕にはそれは、距離を超えた共同体的な生産と消費の新しい関係づくりに見える。共同代表の一人である、真鍋太一さんの交流関係によって、世界中からシェフが神山町に遊びに来る。神山の魅力にひかれ、定期的に訪

EATING
READING
WRITING

れることで関係性は深まり、地域内コミュニティという輪郭がぼやけ、共同体は緩やかに世界に広がっていく。

一方、神山町の地域社会も外からの刺激に触れることで、少しずつ解放されて、情報や人、多くの交流が生まれていく中で、新たなトライアルが生まれ、取捨選択できる選択肢を増やしていくことができる。その時に大切なのは、やはりその地域で活動している人たちが描く未来のビジョンであり、実際の行動そのものと言える。

共感を得る活動には、必ず事業性を超えた社会性が伴う。誰もが社会がより良くなることに関心を持っている。その土地を好きになったら、一つ行動を起こしてみるしかない。そこには必ず共感する仲間が集まってくる。仲間を集めて変化を生み出す。

僕が神山を最初に訪問したのは、２０１７年、神山町の住民の方たちが集会所に集まり、緩やかに自分たちのつくりたい未来を考えるためのワークショップが、「働き方研究家」として知られる西村佳哲《よしあき》さんによって開かれていた時だったと記憶している。

フードハブ・プロジェクトのこれまでの道のりの中で、重要だったことは何かと真鍋さんに聞いたことがある。真鍋さんは、「地域の出身者で農業者でもある白桃薫さん（現 共同代表）が、町役場の職員を辞めてでもやりたい、この地域にフードハブ・プロジェクトは必要だから、と声を上げたこと」だと教えてくれた。最初の一歩は、いつも小さな個人の思いが突き動かす一歩だったに違いない。

フードハブ・プロジェクトが神山という環境の中で、地に足をつけて成長していく姿は非常に刺激的だった。東京・渋谷という都市で活動する自分たちのd47食堂にとって、いつも考えさせてくれるきっかけを与えてくれる存在だ。

お互いに食に関わりながら、地域の食の魅力を感じながら、それでいて、それぞれが違った活動をしていることが、多様性のある社会をつくっていくことにつながると信じている。

Illustration : Tomoko Sogo

タネと自然栽培のこと

d47食堂では、自然栽培の野菜を主に扱っている。僕たちが食べている野菜たちは、人が栽培して収穫することを前提にしている。だから、よく聞く「自然栽培」という言葉の中には、「自然」と「栽培」という一見逆の意味が入っているから不自然さを感じるのだが、僕は「自然栽培」は、人が収穫する前提で、なるべく自然と共存する農法で栽培した野菜と考えるとわかりやすいのでは、と思っている。

「なるべく自然と共存する状態」とは、その土地の環境としての気候や土や水などを活かし、その環境の中で共存する植物や虫、さらには微生物たちも含めて、共に同じ環境で暮らしている状態と言えるだろう。見渡す限り単一の品種が育っている風景が、手つかずの山には存在しないように、本当のところの自然ではない。

僕たちのd47食堂が、自然栽培の野菜を中心に仕入れたいと思っている理由は、自然環境に無理が少ないつくり方をしてその土地に適応した作物には、その土地の個性が秘められている、と考えたからだ。

実際にd47食堂に届く自然栽培の野菜たちは、形が歪《いびつ》なもの、傷や汚れがあるものもあり、それぞれ個性のある野菜が集まる。このことは、実際に野菜に触れる料理人たちの感性や感覚にも大きな影響があると感じている。

もちろん、毎回届く大きさや形がまちまちの野菜たちに、料理人の腕は試されるかもしれないが、野菜1つ1つに表れるダイナミックな自然を日々感じながら料理をすることは、料理人たちにとって、食の仕事が感性

「自家採種」に取り組む生産者を積極的に応援する八百屋「タネから商店」の滝田俊輔さんと十河知子さん。d47食堂では、彼らの野菜を主役にしたモーニングを毎月1回開催。

の仕事であり、「命をいただき、生きること」に直結している仕事なのだと、日々実感させてくれている。

何より、自然栽培に取り組む生産者の方たちや、彼らを紹介してくれる八百屋さんたちと、こういう未来になるといいよね、こういう課題があるけどなんとかしたいよね、という話を、普通に話せる関係性があって、気が合うというのも大事なことだと思っている。

野菜たちの個性について書いたので、少しタネの話に触れておこう。

「F1品種」という言葉は、どこかで聞いたことがあると思う。F1品種は遺伝学の祖・メンデルが発見した「優劣の法則」を利用した技術によって生まれた、言わばハイブリッド品種のこと。

優性と劣性の品種を交配すると、必ず優性の形質を持った雑種第一世代

（F1）のタネができるというもの。品種改良をして、品質や大きさ、環境適応などを進めたい時に、その個性を均一化して育てやすくできる方法だ。ちなみに、この優性・劣性は、「優れている」「劣っている」の意味ではなく、交配した時に子世代に現れる形質を優性（顕性）、現れない形質を劣性（潜性）と言っている。

一般的なスーパーなどへの野菜の流通では、大きさなどが揃っているかなど、規格が重視される傾向がある。そのため、規格が安定するF1品種が重宝され、現在、多くの農家がそのタネを種苗業者から購入し、利用している。

一方で、その土地に固有の伝統野菜、固定種と呼ばれるタネ継ぎをしながら育てる野菜がある。自然に、あるいは人工的に、その土地の環境に適応される野菜を見極め、育て、その地域の特産品となり、守り継がれたタネだ。

東京の谷中ショウガ、神奈川の三浦ダイコン、滋賀の日野菜カブ、山形のだだちゃ豆、群馬の下仁田ネギなど、各地にそれぞれの土地由来の名前が付き、それぞれの土地で、日常の郷土料理の中に登場する。

F1品種より、固定種が優れているという話をするつもりはない。なぜなら、固定種といわれる野菜たちも、そのどれもが、その土地で交配を繰り返しながら、じっくりと時間をかけて、その土地や環境の変化に適応しながら育ってきたものである点で、ある意味では同じ進化の過程の中にある作物であることには変わらないからだ。

もし、地球温暖化が進み、その変化に応じて、野菜たちもサバイブしていくための変化を、人間には見えない形で進化を続けていくとしたら、人工的に取り組むか、野菜たちの生命力と並走しながら取り組むか、の違いとも言える。

タネを守り、育てることは、命を次の世代につなぐという意味で、未来をつくることだと言える。タネの中には命が含まれている。そうやってタネを使って、命を育てることができる農家の方々は、自然と対話することができる力のある人たちだろう。いや、むしろ人間にはそもそもその力が備わっていたものを、僕たちのように自然から離れ、農業から離れ、都会で暮らすことで、自然の感性を手放して生きてしまっていると言えるかもしれない。

長崎県・雲仙で、タネを継ぎながら野菜をつくる方々に話を聞いてまわったことがある。農家さん、流通に関わる方、そして料理人たちも、誰もが普通にタネやタネ継ぎについて話してくれた。

彼らにとっては、タネを継ぎながら野菜を育てることは日常であり、自然なことで、特別なことと捉えていないということが伝わってきた。僕たちが過度にタネ継ぎについて特別視して話を聞こうとしているのが恥ずかしく思えたほどだった。

僕たちがその地に合った野菜を食べるということは、その地に適応した身体を、感覚を、もう一度取り戻すことにつながる行為なのかもしれない。

小さな集落の郷土料理を定食に

熊本県上益城《かみましき》群にある水増《みずまさり》集落を訪ねたのは2016年のこと（P.394）。県別の定食を基本としているd47食堂に舞い込んだ、「この村の定食をつくってほしい」というお題に応えるため、d47食堂の料理人と一緒に旅をした。

旅の前に持っていた情報は、「水増集落は10世帯・18人が暮らす村（当時）」だけ。いつもはたくさんあるその土地の郷土料理や食材を事前に調べるし、現地取材で生産者さんや郷土料理のつくり手たちを集中的に巡りながら、何をどう組み合わせて、その県の魅力や食文化を引き出す定食をつくるか、という編集をする。でも今回は、10世帯の小さな村。

果たして4〜5品で構成するd47食堂の定食がつくれるのか、この集落らしい郷土料理と出会えるのだろうか。また、完成した定食が「この村の定食だ」とここで暮らしている方々にも思ってもらえるものに出来上がるのだろうか、と別の不安も感じながら、集落に到着したことを覚えている。

集落に入ると、さっそく村の中心にある公民館に案内された。公民館にはここで暮らす皆で考えた、

「集落のここをキャンプ場にして、ここに道を通そう」

「川で魚を釣りながら遊べるような場所もあるといい」

といった集落の未来が壁中に貼り出されていた。

集落は2014年にソーラーパークを誘致して、集落が共同で管理する入会地に設置。その太陽光発電の売電収益を使って集落の未来をつくるプロジェクトが始まっていた。それらの議論の場がまさにこの公民館だったのだ。

水増集落は、かつて数キロ離れた水源から自分たちで地域内に湧水を引

き込んだ。彼らは、自分たちの暮らしを、自分たちの手でつくっていくことを知っている、暮らしづくりの活動家であると思えた。いや、むしろ、日本の地域とはどこも本来はそうだったのだろう。この山で暮らす人々が持つ自治力は、これからの日本の未来に必要な力のように感じた。

この水増集落の定食を東京で発信しよう、ということもまた、彼らの未来をつくるプロジェクトの一つとして取り組みたいというお話だったから、なんとかこの水増の味が、20年いや100年と、長くこの地で続いていくことを応援したいと思った。

九州では、おもてなしに鶏をつぶして振る舞う文化があることをよく聞くことがあった。庭で鶏を飼うなんて生活スタイルは昔話のようだが、鶏を客人に振る舞う風習は郷土料理としてのみ残ったようなところがある。

取材当日、集落の皆さんは、僕たちが着く直前につぶしたという2羽の親鶏を使った「鶏汁」を出してくださった。まだ、残っているところには残っているんだなと驚いた。

「鶏汁」は脂がすっきりしつつ、それでいて濃厚な鶏の出汁が利いている。ゴボウやニンジン、サトイモなどの根菜の香りも加わって、格別な味だった。他にもたくさんお料理を出してくださったにもかかわらず、「鶏汁」を何杯もおかわりをしたのを覚えている。

「アクはとっても脂はとらない」とお母さんたちは教えてくれた。体が芯から温まる、とはこういうことなのだと、身をもって学ばせていただいた。長い旅をして訪れた人をもてなすのに、この温かい鶏汁さえあれば、お互いに気持ちが通じ合える、そういう料理だと思えた。

また、この水増集落では、地域の在来大豆の「八天狗」という品種を守り継いでいる。この豆は濃厚な味わいと、煮詰めてもしっかりとした食感があるのが特徴。

熊本県水増集落「八天狗豆定食」
鶏汁／八天狗大豆を使った座禅豆／八天狗納豆／ノビルの酢味噌和え
料理：岡竹義弘

水増集落は高齢化、過疎化が進む。集落存続のためには、この土地でこの土地ならではの生き方、仕事をつくり出していくことが、子どもたちの未来をつくることにつながるに違いない。村の方々はそう語ってくれた。水増集落の定食（P.399下）ができあがった時、村の選抜メンバーが渋谷のd47食堂まで食事をしに来てくれた。

渋谷の高層ビルの中で食べる自分たちの集落の食事はどうだっただろうか。お孫さんたちに、これは渋谷の店で提供されたんだぞ、と自慢してくれたりしていたら、それだけでも本当にうれしい。

この集落の定食開発の旅を通じて、どの町にも、村にも、もっと言えばそれぞれのどの家庭にも、その地域らしさ、その集落らしさ、その家らしさ、自分らしさを表現できる定食をつくることは絶対にできるのだ、と確信することができた。

むしろ、そうやって小さく小さく限定していけばいくほど、誰かの顔を思い浮かべながらつくり、その誰かに食べてもらえる定食をつくり出していくことができる。僕たちd47食堂のつくる定食は、必ず、地元でつくり続けている人や、教えてくれた人、手伝ってくれた人たちがいて生まれている。だからこそ、つくっている僕たちも自信を持ってテーブルに出すことができる。

d47食堂は、47都道府県の郷土料理を出す定食屋ではあるけれど、県単位ではなくもっともっと小さな集落の味にも目を向け、次の時代につなげるために、これからも全国を巡っていきたいと思う。

レシピを残し、文化を伝え、つくる人も食べる人も、地域で暮らし続ける人も出てしまった人も、戻ってこれる原点とも言える食文化を伝えながら、共に生きることを実感できる食堂を目指していく。

「ワインツーリズム」
ワインを楽しむことは、自然・人間・文化を味わうこと

「産地を旅することを想像してみてください。そこには、一年を通してブドウを育て、収穫して、ワインをつくっている人たちがいます。彼らはワインづくりを通して、地域の伝統を守り、景観や文化をつくっています。そして、次の世代につなげていきながら、産地を形成しています。

ブドウの産地、ワインの産地ができるまでに、どれだけの人生がこの地域に費やされているのか？　その産地を守り、次世代に伝えていくために、どれだけの人が自らの人生をかけて努力しているのか？　今、日本の各地でワイナリーができています。『47winetourism《ヨンナナワインツーリズム》』展は、各地で起きてい

るムーブメントを応援するような気持ちも込めて企画しました。ワイナリーはもちろん、その土地で彼らのワインを日々売り支えている方々の協力も得て、『ワイナリーと地域』との関係に焦点を当て、ご紹介しています。

ワインを味わうことは、その土地の自然・人間・文化を味わうこと。ボトルの中身だけでなく、ワインづくりの根底に流れるストーリーの片鱗を知り、彼らがつくっている風景や空気感、土や風の香りを五感で感じる。本企画が実際にその土地を訪れるきっかけになることを願っています。ワイナリーだけでなく、その土地で日々ワインを提供している飲食店や酒屋にも足を運んでみてください。産地に思いを馳せながら、さぁワインツーリズムに出かけよう。」

一般社団法人 ワインツーリズム　大木貴之

＊「47winetourism」展　2022年2月4日〜5月8日開催　あいさつ文より

渋谷ヒカリエのd47 MUSEUMにて、2022年に開催した「47wine tourism」展（P.407下）。その展覧会に僕と一緒に共同キュレーターになってくださったのが、山梨ワインの文化を伝える甲府市のカフェ「Four Hearts Cafe」のオーナーであり、勝沼町を中心としたワイン産地に「ワインツーリズムやまなし」を立ち上げた大木貴之さん（P.413）。

日本のワインが注目を集めるずっと前から、甲府で地場産業であるワインづくりに注目し、地元の人が、地元でつくられるワインを愛情を持って飲み、楽しみ、関わっていくことを、ボランティア同然、いやむしろ、不足する運営費を自ら持ち出して支援し、盛り上げてきた。

その姿勢と行動に共感が集まり、参加するワイナリーは年々増え、「ワインツーリズムやまなし」に参加する一般の方も増えていった。イベントに合わせてキッチンカーで出店する方や、ボランティアで地域ガイドを務める方も現れ、それぞれが、それぞれの思いを持って、ワインを中心に集

TOMOE
Chardonnay

KIZAN
WINE

SABLE

tetta

THE RIAS WINE

d47
47 WINE TOURISM
47都道府県の自然・人間・文化を味わう旅
2022.2.4 fri－5.8 sun 12:00－20:00（最終入場19:30）
ドネーション形式（会場受付） 主催：D&DEPARTMENT PROJECT
企画：大木貴之（一般社団法人ワインツーリズム），相馬夕輝（D&DEPARTMENTディレクター）
未成年者の飲酒は法律で禁止されています。

まり、ワイン産地の魅力づくりに地域の人が主体的に取り組むまでに至っている。

大木さんは、ワインツーリズムについて賛同を得られず、悔しい思いをした時期もあったと言う。しかし、小さな一歩が、小さくとも強いたった一つの熱量から、新たな未来を切り拓くことができた。継続していれば、必ず変えることができる。大木さんは飄々《ひょうひょう》としながらも、いつも背中でそう語ってくれる。

嗜好品であるお酒は、その味を評価する人が現れ、その良し悪しや、希少性などによって、その液体自体に価値付けがされていくことが主流だ。しかし、市場の価値だけでそのお酒を語ることが果たして何になるだろうか。

希少なものに惹《ひ》かれてしまうのは、人間の性《さが》だ。結果、需要と供給のバランスは崩れ、過剰な需要が高まり、生産している地元の中でも、飲むことすらできなくなってしまうお酒もある。

決して、希少ワインをつくるワイナリーが悪いわけではない。冬の厳しい剪定作業や、夏の草刈り、天候から収穫時期を見極める目、もちろん醸造技術も含めて、努力を重ねた結果であることは間違いがなく、欲しいと強く思われるワインやワイナリーはそれだけでも評価されるべきだろう。

しかし、地域の酒店や飲食店が、焼酎ブームになれば焼酎を扱い、自然派ワインブームになれば、海外から輸入された自然派ワインに人が流れてしまっては、地域の産業は社会状況に影響を受け過ぎて、継続が危ぶまれてしまうことすらも起き得る。

ある年、勝沼の老舗ワイナリーの一つである「勝沼醸造」が、地域全体でブドウの収穫量が増え、誰もが醸造タンクが足りなくなった時、自社のタンクを貸し出し、他のワイナリーを優先して助けるために動いたという話を聞いたことがある。

230
252
MBA
330
254

ブドウは台風でダメになることも、雨が多くて糖度が下がってしまうこともある。ブドウの収穫期は、ワイナリーにとって緊張感が最も高まる時期。しかし、それでも助け合う。そんなドラマが日々地域内で繰り返されるのだ。ワインの生産現場で働いている多くの方々の暮らしや生き様も一緒に味わうことで、「おいしい」が、ただの「おいしい」ではなく、ワインが持つ文化や地域の物語も含めた全体を丸ごと味わうことになると思う。

それは、液体の市場価値だけを語るより、どれだけ豊かなことだろうか。味は、そのものの価値を決める一つの軸でしかない。環境も、経済も、文化も、コミュニティも、小さな微生物たちさえも、無限にその価値の捉え方は広がっていく。僕たちの考える「おいしさ」とは、地域やつくり手から生まれる文化も含めた「おいしさ」。これこそ、大切にしていきたいものなのだ。

「ワインツーリズムやまなし」は、今、全国に広がっている。さらにワインにとどまらず鹿児島で新たな「焼酎ツーリズムかごしま」という活動に飛び火している。鹿児島には焼酎蔵が113蔵ある。その中の、いちき串木野市、日置市の6蔵が、その最初の一歩を踏み出した。

日本中に、その土地の文化を味わう旅が広がっていくことで、いつの日か、日本の生産業に、より豊かさを持った文化的価値の見直しが進んでいくに違いない。生産地で、その土地のお酒を味わうことが一般化されていけば、未来はもっともっと明るくなる。

Tao

それは本当にグッドなのか

食堂が一つの定食をつくると、その食材や調味料の生産者、そしてその料理を教わった方、地域の歴史を伝えてくれた方など、本当に多くのその地域の方々と接点が生まれる。

ほぼ毎月、違った定食をつくっていくため、その定食を提供していない時期には、その定食の生産者の方と関わることはできない。

それもあって、開発した定食を一度きりのものにせず、必ずまたメニューに入れている。何度も何度も、繰り返し繰り返し、つくって、お客さんに提供を続けていくことで、小さな進化が生まれ、生産者との関係性は、緩やかに未来へとつながっていく。

関わりつづけていくことは、関わりを続けたいと思うd47食堂の意思と、それを実装するための仕組みが同時に必要だ。

それは、「三重県の定食」取材の時に、伊勢神宮が20年に一度、その社殿を移すことで、先代から次の世代に技術を未来に残し続ける工夫があることを聞き、同じことだなと思った。

日本人が未来を思って生み出した「つづくをつくる」仕組みに学び、僕たちなりのつづく工夫を考えていく。そうやって、グッドなコミュニティをつくることにつなげていくことができるのではないかと思っている。

今、「コミュニティ」という言葉は耳触りの良い言葉となり、なんだか都合よく使われているなと感じることがある。「道の駅」などの野菜や果物の販売でよく見かける、「生産者の顔が見える」売り方や、「有機」「オーガニック」という言葉と似ているなと感じる。

「それって本当にグッドなの？」ということは、常に自分の目で見て、直接話を聞いて、時に信頼できる誰かを通して、判断していく必要がある。言葉や情報だけを鵜呑《うの》みにしてはいけない。「コミュニティ」自体が良いことなのではなく、「良いコミュニティをどうやってつくるのか」が求められているのだ。

時間をかけ、手間をかけて「良いコミュニティ」を育んでいこう。自分の五感をフル稼働させて。

d47食堂が望む未来

「いただきます」という、命をいただく感謝の気持ちを込めた食前の言葉は、これからは文化も含めた「いただきます」へと強く変わっていく。

本書でご紹介した郷土料理や生産者はほんの一例に過ぎない。これほど豊かに各地で文化を形成する47都道府県、1718市町村(北方領土を含めると1724市町村)に、およそ1億2400万人が暮らす国、日本。

僕たちのように、たった一つの飲食店をつくるだけでも、本書で紹介したようにさまざまな土地の文化との接点が生まれていくのが、食の仕事の素晴らしさだ。しかし、店の中にいると、今日の仕込み、明日の仕込み、発注や清掃と日常の大切な仕事が押し寄せてくる。どうあっても、体力仕事ではあるし、スタッフは日々、キッチンとフロアをくるくると走り回ることは避けられない。飲食店には、きれいごとでは語れない日々の大変さはある。

それは、生産者も同じこと。僕たちは、直接、生産者の方々と会って対話を重ねることで、その苦労と素晴らしさを少しは学ぶことができたと思う。何でも、継続することは本当に難しいが、d47食堂で働くスタッフたちが、着実に、多くの文化を理解し、お互いを思いやり、助け合っていくことができる人間に育ってくれていることを実感する。社会も変われば、環境も変わる。人も変われば、ここまで蓄積してきたものもまた1からやり直しじゃないか……と悔しく泣ける夜だってある。

タネや郷土料理が常に進化し続けているように、店もまた、いつも現在進行で小さな成長を続けていくしかない。文化を学び、文化と並走し、その中で、自分たちも関わりながら、小さくとも新たな文化の創造に一助となれたらといつも願っている。

このｄ47食堂は、いつか食に関わる多くの方と共に、未来を楽しく感じることができる文化サロンのような存在になりたいと思っている。接点があった方たちと助け合えるような文化サロンのような場所が、もし日本中にあったら、きっと何かが変わると思っている。

一つの店ができることには限界はあるが、そこに触れた誰かに、一つのきっかけを生み出すことは可能だろう。そこから、一つの店だけではできなかった、もっともっと広い可能性を見出していくことはできる。

多くの生産者や生産組合の方、流通を支えてくれる卸業者の方々、配送業者の方々、行政の方々、各地で郷土料理を伝えている婦人会の方々、そして、毎日大変な仕事にもかかわらず、明るくたくましく支えてくれる

ｄ47食堂のスタッフたち。

ようやく日々一つ学んで、一つ伝えることができるような、未熟な僕たちの食堂でも、温かく見守り、通っていくださる本当にたくさんのお客さまたち、その誰もが欠かすことのできない仲間であり、そんなみんなでこれからの未来をつくっていく。

毎日が、日常が、一番大事だ。僕たちにたくさんの学びをくださる生産者の方々にも日々があり、それをとても大切にされているからこそ、僕たちはその魅力を、これからも多くの方の日常の食事「定食」として、伝えていけると思っている。

今日もきれいに掃除をして、また毎日のお客さまをお迎えしていく。社会を変えることにつながると信じて「おいしい」をつくっていくのだ。

これを読んでいただいている皆さんも、共に生きるグッドコミュニティの仲間だと思う。

渋谷
ヒカリエ
18階

dd

dd

DRAFT BEER AT HOME
dd
生ビールお持ち帰りできます
500ml − 1100−
1000ml − 2200−

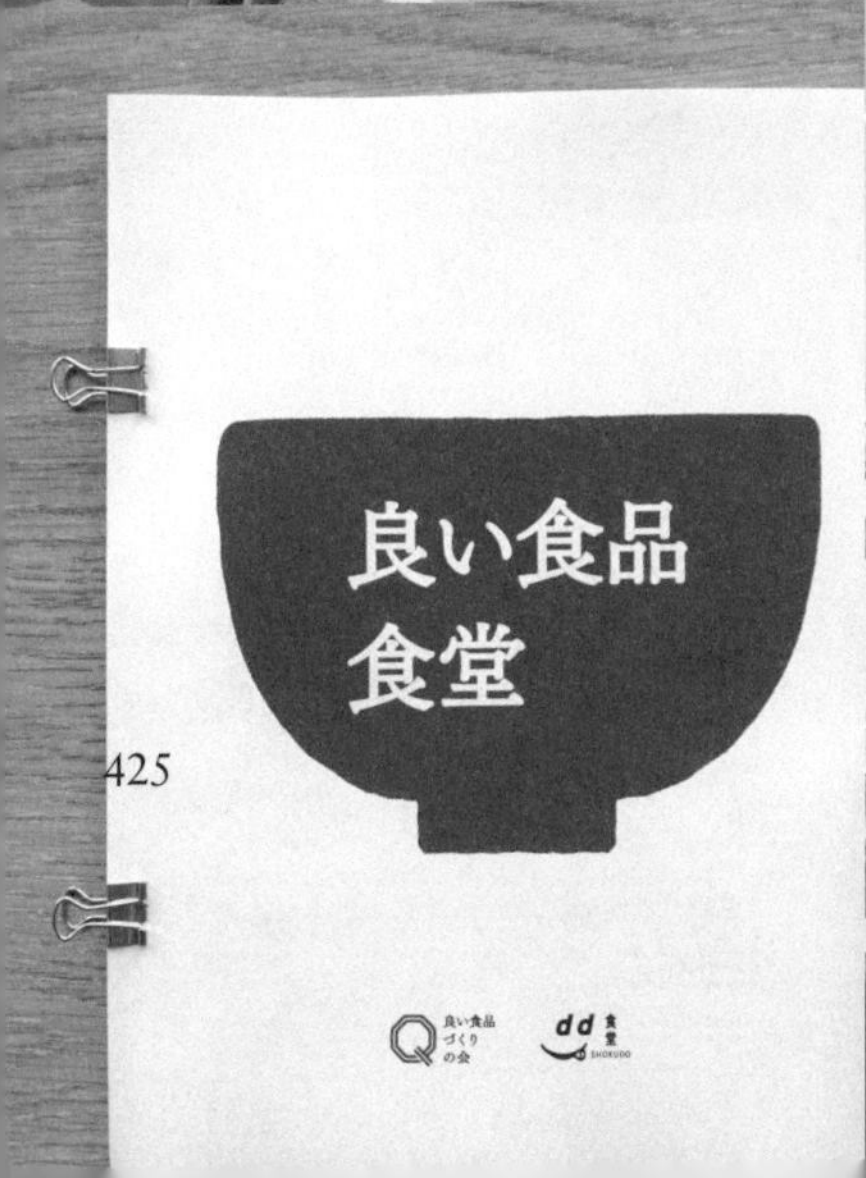
良い食品
食堂
良い食品づくりの会
dd 食堂 SHOKUDO

tanico

dd
食堂
식당

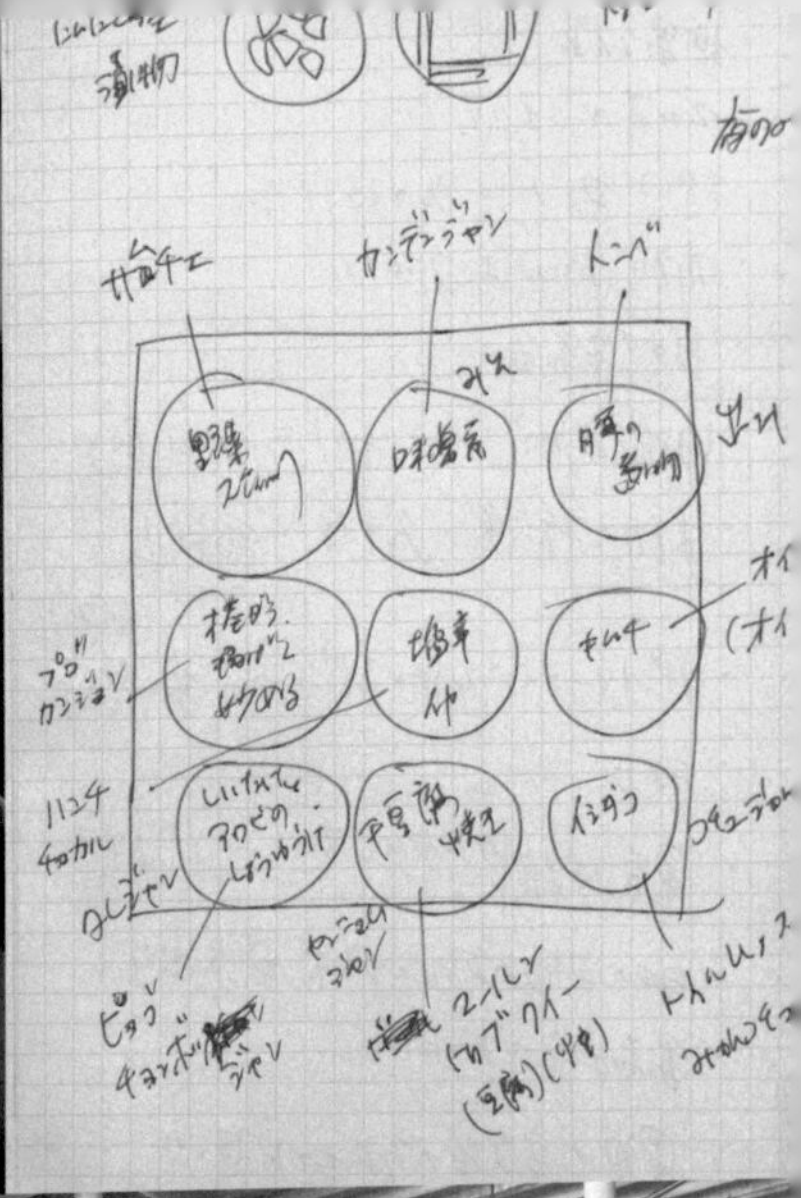

Lower photo：Schemata Architects

後書きにかえて

「おいしい」には、たくさんの種類がある

「この時、この場所で、この人たちと、こういう時間を過ごす」という人の暮らしが、文化となり、高級なレストランで味わう美食の世界とはまた違った、土着的で日常感のあるおいしさが現れる。

そのことを僕は、「地域の風景をつくるおいしさ」「文化的なおいしさ」と勝手に呼んでいる。

僕とd47食堂がやりたい活動は、そういう「おいしい」を味わうことができる未来が普通につづくために、自分たちなりに何ができるかを考えつづけることだと思っている。社会は常に変化していくので、この仕事には

一生終わりはない。

次の世代にどうやってバトンタッチするかを、今を生きる世代の代表のような気持ちで、目一杯取り組んでいきたい。そんな僕にとって、これからd47食堂としてやってみたいことを、最後に宣言をするような気持ちで書いておこうと思う。

新しい郷土料理を生み出す

長崎の雲仙で、「タネ継ぎ」を頑張る若い就農者に出会った。タネを継いで野菜を育てているけれど、地域でその野菜を食べる食文化がないこともある、と話してくれた。

その土地の固有種として育てられている多くの野菜には、先人たちからつづく、「夜の締めにはこれがいい」「風邪をひいたらこれを食べる」といった日常的な言い伝えから、祭りに欠かせない料理だったり、季節の行事食として健康を祈願して食べる風習の料理まである。謂《いわ》れのある料理の存在があって、地域固有の野菜が根付いていることがあるのだ。その地に根付いた食文化があるからこそ、今もまだ、つくりつづけ、食べられつづけていることが多い。

食文化が受け継がれなかったら、その食文化で必要な野菜たちは、静かにひっそりと消えていったはず(もちろんそれだけが理由ではない)。つまり、その地域固有の食文化があれば、その地域固有の野菜もその土地で長くつづく可能性が増すのだ。中には、ある家庭だけで大切に育てられ、タネが継がれてきたような野菜すらある。

「タネはあれど食べる文化がない」という問題が起こった時、これからは、先人たちの挑戦に倣《なら》って、次の世代に向けた地域の食材を使った新たな郷土料理に挑戦してみたいと思うのだ。いつの時代も、誰かの小さな一歩から、時間をかけて生み出された料理が、その土地の郷土料理になっていったに違いないのだから。そして「他の地域にはこんな料理や食べ方があったよ」と、各地に足を運んで自分たちの中に蓄積してきた郷土料理のアーカイブが活かせると思っている。

郷土料理をつづける場所は家庭だけでなくてもいい

d47食堂を立ち上げて、11年が経ち、自分たちがやってきた活動は、「店」という形から変化していいと思うようになった。

ぬか漬けは、家族が多いほうが続けやすいと先に書いたように、例えば社員食堂のような場所で、ぬか漬けを漬ける習慣を残すことができれば、家族という単位から少し外に広げた、社員という単位で食文化を伝え継ぐことだってできる。料理によっては、地域という単位を意識し、道の駅の食堂などで残していく道もある。

あるいは、社員や地域の方々に向けた季節ごとの親子料理教室などに取り組んでみることで、地域の食育につなげることもできるだろう。梅干しや味噌などの季節仕事には、大勢で取り組むほうがうまくいく仕事もある。近くに自分のおばあちゃんが住んでいなくても、地域のおばあちゃんとの交流ができれば、食文化が伝えられ、広がる機会も増えるはずだ。

d47食堂は、今の時点では「店」だが、もしかしたら10年後は、どこかの地域で、社員食堂や道の駅となっているのかもしれない。

最後に、ここで書いてきたことは全て、僕と共に地域をリサーチし、店という現場で日々お客さんと向き合ってくれているスタッフたちがいるからこそ成り立っていることを伝えておきたい。彼ら彼女らは、地域の食文化を伝える活動を、多くの人たちに日常の食を提供することで実践している。

また、生産者の方々、地域の料理人の方々、そしてd47食堂に通ってくださる皆さま、本書を手に取ってくださった皆さま、関係いただいている全ての皆さまに、d47食堂でこうやって僕たちが「食」の仕事ができることの感謝を伝えたいと思います。ありがとうございます。

これからも、「食」の可能性を五感を使って全身で感じながら、「おいしい」がつづく未来を、時間をかけながら、自分たちらしくつくっていきたいと思います。

D&DEPARTMENT PROJECT ディレクター
相馬夕輝

相馬夕輝　D&DEPARTMENT PROJECT ディレクター

１９８０年、滋賀県生まれ。大阪大学工学部卒業。D&DEPARTMENT PROJECTに参加。大阪店店長、ストア事業部門ディレクターを経て、飲食部門「つづくをたべる部」ディレクター。日本各地を取材し、その土地の食材や食文化を活かしたメニュー開発や、イベント企画などを手がける。２０１６年より「渋谷のラジオ」内番組〈SHIBUYA d&RADIO〉パーソナリティー。２０２１年、滋賀県長浜市に発酵食文化が体験できる複合文化施設「湖のスコーレ」を、「くるみの木」石村由起子氏と共同プロデュース。

Photo : Ani Watanabe

D&DEPARTMENT PROJECT
www.d-department.com

Instagram : @yukiaima

SHIBUYA d&RADIO これまでの配信→
note.com/shiburadi/m/m7ad6b6aee8ee

STAFF

d47 食堂

安部 春香　Haruka Abe
石橋 歩　Ayumi Ishibashi
植本 寿奈　Suna Uemoto
大谷 友花　Tomoka Otani
粕谷 明子　Akiko Kasuya
小島 茉莉子　Mariko Kojima
児玉 繭子　Mayuko Kodama
髙田 未央　Mio Takata
谷本 紗央里　Saori Tanimoto
中山 小百合　Sayuri Nakayama
花岡 美加　Mika Hanaoka
弘津 紗代子　Sayoko Hirotsu
安田 幸恵　Yukie Yasuda
山内 涼　Ryo Yamauchi
山田 果穂　Kaho Yamada
輪手 千夏　Chinatsu Wate

D&DEPARTMENT DINING TOYAMA

石原 亜美　Ami Ishihara
五本 ゆかり　Yukari Gohon
嶋林 正紘　Masahiro Shimabayashi
清水 ちづる　Chizuru Shimizu
清水 美穂　Miho Shimizu
田中 陽子　Yoko Tanaka
丹羽 仁美　Hitomi Niwa
堀江 景子　Keiko Horie
松井 有希恵　Yukie Matsui
湯口 遥花　Haruka Yuguchi

d食堂 京都

阿彌 凪沙　Nagisa Aya
上田 桃子　Momoko Ueda
内田 幸映　Yukie Uchida
塩貝 悠佳有　Yukari Shiogai
成田 和弘　Kazuhiro Narita
濱田 誌乃　Shino Hamada
村上 智佳子　Chikako Murakami

D&DEPARTMENT MIE by VISON

清水 友麻　Yuma Shimizu
濵津 実奈　Mina Hamatsu
松下 桂子　Keiko Matsushita
溝田 麻子　Asako Mizota
山田 泰信　Yasunobu Yamada

d食堂 JEJU

최순복　Choi Sun Bok
최윤서　Choi Yoon Seo
한혜영　Han Hye Young
정인선　Jung In Seon
김미희　Kim Mihea
김영자　Kim Young Ja
이학원　Lee Hak Won
이용석　Lee Yong Seok
박유빈　Park Yu Bin

＊2023年11月16日現在

dd ……… D&DEPARTMENTが運営する
飲食店・飲食コーナーのある店

dd
D&DEPARTMENT MIE by VISON
三重県多気郡多気町ヴィソン 672-1 サンセバスチャン通り6
☎ 0598-67-8570

dd
D&DEPARTMENT KYOTO / d 食堂 京都
京都府京都市下京区高倉通仏光寺下ル新開町397 本山佛光寺内
SHOP ☎ 075-343-3217
食堂 ☎ 075-343-3215

D&DEPARTMENT KAGOSHIMA by MARUYA
鹿児島県鹿児島市呉服町6-5 マルヤガーデンズ4F
☎ 099-248-7804

D&DEPARTMENT OKINAWA by PLAZA 3
沖縄県沖縄市久保田3-1-12 プラザハウスショッピングセンター 2F
☎ 098-894-2112

D&DEPARTMENT SEOUL by MILLIMETER MILLIGRAM
ソウル市龍山区梨泰院路240
☎ +82 2 795 1520

dd
D&DEPARTMENT JEJU by ARARIO / d 食堂 JEJU / d room / d news
済州島済州市塔洞路2ギル3
☎ +82 64-753-9904

D&DEPARTMENT HUANGSHAN by Bishan Crafts Cooperatives
安徽省黄山市黟县碧阳镇碧山村
☎ +86 13339094163

STORE

D&DEPARTMENT HOKKAIDO by 3KG
⚲ 北海道札幌市中央区大通西17丁目1-7
☎ 011-303-3333

D&DEPARTMENT FUKUSHIMA by KORIYAMA CITY
⚲ 福島県郡山市燧田 195 JR 郡山駅 2F こおりやま観光案内所内
☎ 024-983-9700

D&DEPARTMENT SAITAMA by PUBLIC DINER
⚲ 埼玉県熊谷市肥塚4-29 PUBLIC DINER 屋上テラス
☎ 048-580-7316

D&DEPARTMENT TOKYO
⚲ 東京都世田谷区奥沢8-3-2 田園マンション2F
☎ 03-5752-0120

d47 MUSEUM / d47 design travel store / d47 食堂
⚲ 東京都渋谷区渋谷2-21-1 渋谷ヒカリエ8F
d47 MUSEUM / d47 design travel store ☎ 03-6427-2301
d47 食堂 ☎ 03-6427-2303

D&DEPARTMENT TOYAMA / D&DEPARTMENT DINING TOYAMA
⚲ 富山県富山市新総曲輪4-18 富山県民会館1F
☎ 076-471-7791

d news aichi agui
⚲ 愛知県知多郡阿久比町矢高五反田37-2
☎ 0569-84-9933

D&DEPARTMENT PROJECTの主な刊行物

デザイン物産 2014

A5判 224頁
カラー 2222円+税
ISBN 978-4-903097-50-3

47麺MARKET

47都道府県のローカルな麺から、日本の食の個性を見る

A5判 128頁
カラー 1000円+税
ISBN 978-4-903097-53-4

NIPPONの47 2016 食の活動プロジェクト

食の生産者は「つくる」から、「つくり、伝える」活動家へ

A5判変型 128頁
カラー 1000円+税
ISBN 978-4-903097-54-1

もうひとつのデザイン ナガオカケンメイの仕事

ナガオカケンメイ 著

四六判変型 444頁
カラー 2200円+税
ISBN 978-4-903097-59-6

LONG LIFE DESIGN 1

47都道府県の健やかなデザイン ナガオカケンメイ 企画・構成

A5判変型 236頁
カラー 2600円+税
ISBN 978-4-903097-61-9

日本発酵紀行 Fermentation Tourism Nippon 小倉ヒラク 著

A5判変型 224頁
カラー 1800円+税
ISBN 978-4-903097-63-3

わかりやすい民藝　高木崇雄 著

四六判変型　340頁
一部カラー　2000円+税
ISBN 978-4-903097-69-5

ふつう　深澤直人 著

四六判変型　456頁
一部カラー　2300円+税
ISBN 978-4-903097-62-6

d design travel ①〜㉜

①北海道　②鹿児島　③大阪　④長野　⑤静岡　⑥栃木
⑦山梨　⑧東京　⑨山口　⑩沖縄　⑪富山　⑫佐賀
⑬福岡　⑭山形　⑮大分　⑯京都　⑰滋賀　⑱岐阜
⑲愛知　⑳奈良　㉑埼玉　㉒群馬　㉓千葉　㉔岩手
㉕高知　㉖香川　㉗愛媛　㉘岡山　㉙茨城　㉚福島
㉛三重　㉜神奈川

B5判変型
128〜192頁　カラー
日・英バイリンガル表記
933〜2900円+税

発行：D&DEPARTMENT PROJECT
取扱：D&DEPARTMENT 各店、D&DEPARTMENT ネットショップ（www.d-department.com/shop）・Amazon・全国主要書店にて販売中。

つづくをたべる食堂

2024年2月5日 初版 第1刷発行

著者 相馬夕輝

デザイン 加瀬千寛

編集 田邊直子、石橋歩

校正 衛藤武智

扉絵 坂本大三郎

撮影 山﨑悠次
pp.14-15, p.16 upper left, pp.18-19, p.41, p.44, p.49, pp.76-77, p.85, p.112, p.117, p.121, p.129, pp.154-156, p.284, p.331, p.387, p.390, p.414, p.424 bottom

安永ケンタウロス
p.61, pp.144-153, p.159

発行人 ナガオカケンメイ

発行所 D&DEPARTMENT PROJECT
〒158-0083 東京都世田谷区奥沢8-3-2 2F
Tel 03-5752-0097 Fax 03-5758-3755
www.d-department.com

印刷・製本 株式会社サンエムカラー

ISBN978-4-903097-73-2 C0077
Printed in Japan

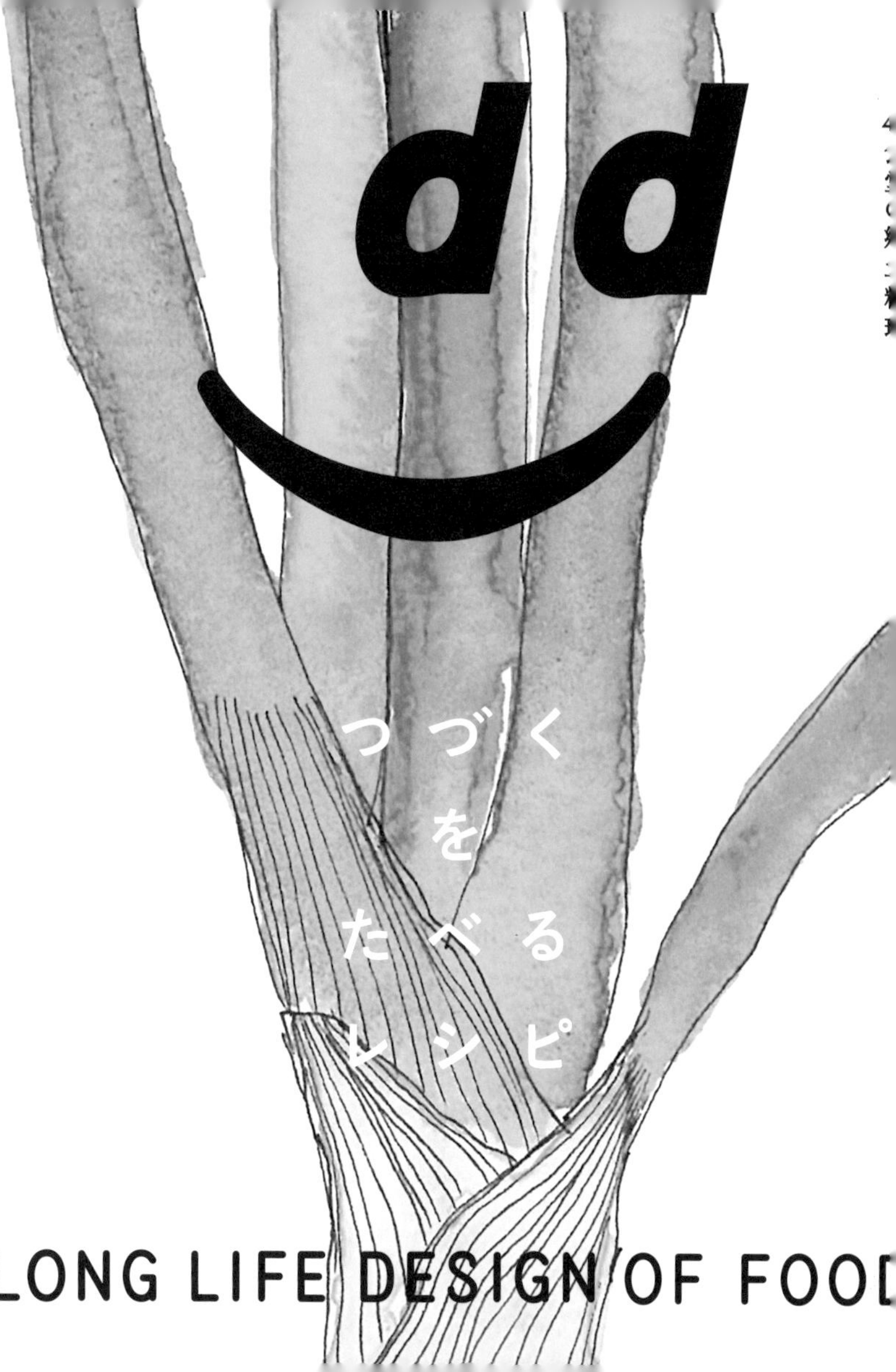
d d
つづく
を
たべる
レシピ
LONG LIFE DESIGN OF FOOD

その土地の郷土料理は、その地に育つ作物があって生まれます。
そして、その土地の作物は、その土地の自然や風土があって生まれます。

人と自然とは、いつの時代もつながり、循環しつづけています。
そのつづく循環の中で、人は農業を営み、発酵技術を身につけ、
生きる知恵を蓄えながら、暮らしを生み出してきました。

「つづくをたべる」ということは、まさに、そんな自然も文化も歴史も
暮らしも、多くの食べることのまわりを含んだ学びがあり、
生きる楽しみがある、そんな「おいしい」なのだと思っています。

この小さなレシピブックが、「つづくをたべる」に関心を持つ仲間を
ゆっくりでも増やしていくきっかけになってくれたらと願っています。

もくじ

本書の表記：1カップ＝200cc／1合＝180cc／大さじ1＝15cc／小さじ1＝5cc
料理写真内の食器：一部をのぞき、d47食堂で日々使っている器です。

d47 RECIPE
1

006
山形
YAMAGATA

芋煮

材料（4人分）

甚五右ヱ門芋、またはサトイモ … 5〜6個（約400g）
コンニャク … 1/2枚（必要ならアク抜き）
牛バラ肉（薄切り）… 120g
キノコ … お好みで1パック、長ネギ … 1本
出汁 … 1ℓ、薄口醤油 … 大さじ4、濃口醤油 … 小さじ2
酒 … 大さじ5、砂糖 … 大さじ3

d47食堂の芋煮は牛肉と醤油で仕上げる山形県内陸のもの。県内の「森の家」佐藤春樹さんがつくる一子相伝の在来種「甚五右ヱ《じんごえ》門芋《もんいも》」を使います。

つくりかた

1 コンニャクは約2㎝角に手でちぎる。甚五右ヱ門芋は皮をむき一口大、牛肉は4㎝幅に切る。長ネギは1㎝幅の斜め切り。キノコはほぐす。出汁以外の調味料をボウルに混ぜておく。

2 鍋に出汁、調味料の1/2量、甚五右ヱ門芋を入れ火にかける。沸いたら肉を入れ中火に。アクをすくう。

3 肉が煮えたら弱火。コンニャク、キノコ、残りの調味料を入れて、甚五右ヱ門芋に火が通るまで煮る。仕上げに長ネギを加える。

dd

「芋煮」は山形の秋冬の郷土料理。山で採れた天然ナメコを入れた芋煮は最高！多めにつくると、よりおいしい。肌寒い季節に大勢で芋煮の鍋を囲み、身体も心も温まる一家団欒の郷土料理。

d47 RECIPE

1

006

山形

YAMAGATA

伝承野菜農家
森の家

7

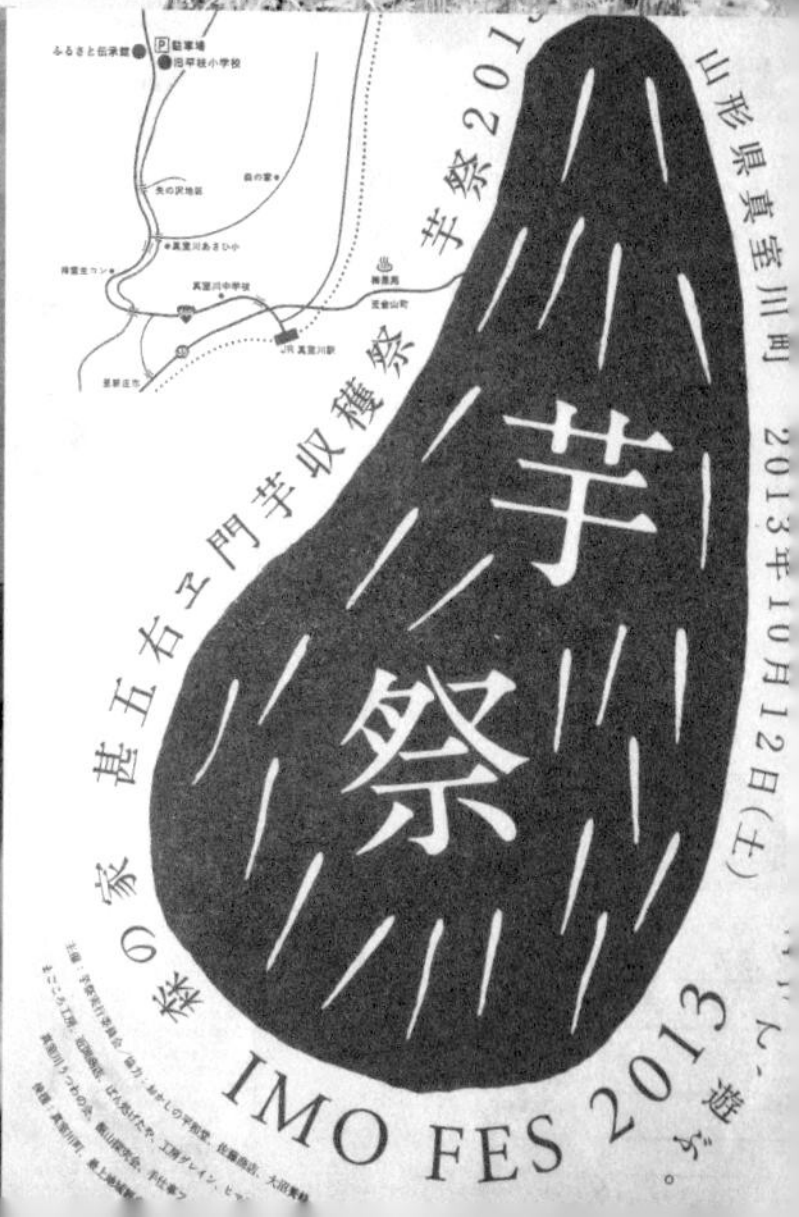
山形県真室川町
2013年10月12日(土)
芋祭
森の家 甚五右ヱ門芋収穫祭 芋祭2013
IMO FES 2013

d47 RECIPE
2

011
埼玉
SAITAMA

ゼリーフライ

「揚げたゼリー!?」と驚きますが、小判型のおからコロッケのこと。「銭富来《ぜにふらい》」がなまってゼリーフライに。おやつにも食べたい、愛らしさ。

材料（約8個分）

ジャガイモ … 1/2個（皮を剥いた状態で約80g）
ニンジン … 1/5本（皮を剥いた状態で約30g）
タマネギ … 1/5個（皮を剥いた状態で約30g）
A ┌ おから … 140g、薄力粉…大さじ1
　└ 溶き卵 … 1/2個分、塩 … 3つまみ
揚げ油、ウスターソース … 適量

つくりかた

1 ひと口大に切ったジャガイモを串がすっと通るまで柔らかく茹でる。水気をよく切り、大きめのボウルに入れて潰す。

2 ニンジン、タマネギをみじん切りにして、1に混ぜる。1の粗熱がとれたら、Aを全て入れ、よく混ぜる（熱いうちに入れると卵に火が通るので注意）。

3 8等分して小判型に成形。170℃の油できつね色になるまで揚げる。

4 ウスターソースをボウルに入れ、揚げたてのゼリーフライをさっとくぐらせる。

ジャガイモは茹で過ぎると水っぽくなるので気をつけて。ゼリーフライをソースにさっとくぐらせ、染みこんだところをいただきます。パン粉を付けて揚げると、コロッケにもなりますよ。

d47 RECIPE
2

011
埼玉
SAITAMA

味自慢
ゼリーフライ

d47 RECIPE 3

021
岐阜
GIFU

鶏《けい》ちゃん

昔、各家庭で飼っていた鶏が卵を産まなくなった後、肉をたれに漬け込んで食べたのが「鶏ちゃん」の始まり。家や店ごとにたれの味が違うところも楽しい。

材料（2人分）

鶏モモ肉 … 1枚（約300g）、キャベツ … 4枚位
ニンジン … 1/4本、タマネギ … 中サイズ1/4個
炒め油 … 適量、粉山椒…適量

●漬けだれ
すりおろしショウガ … 大さじ1
すりおろしニンニク … 小さじ1
味噌 … 大さじ1と1/3、みりん … 大さじ2/3
酒・砂糖 … 各大さじ1/2、濃口醤油・ごま油 … 各小さじ1

つくりかた

1 〈漬けだれ〉の材料をボウルに入れて混ぜ、大さじ2を別の器に取り分ける。
2 1のボウルに一口大に切った肉を入れてよく揉み込む。冷蔵庫で2時間から一晩漬ける。
3 キャベツは4㎝角、ニンジンは拍子切り、タマネギは一口大に切る。
4 フライパンに炒め油を熱し、肉を炒める。
5 ニンジン、タマネギ、キャベツの順に炒め、仕上げに残しておいた〈漬けだれ〉大さじ2を加えて炒める。お好みで粉山椒をふる。

鶏肉のスジや皮は残したほうが、味わい深いですよ。鶏の脂でしんなりした野菜もたまらないです。〈漬けだれ〉を多めにつくり、野菜炒めなどに使っても。豚肉、牛肉、鮭を漬けてもおいしい。

mirai
COFFEE&TEA TICKET

047 RECIPE
3
021
岐阜
GIFU

15

d47 RECIPE 4

023
愛知
AICHI

菜飯《なめし》と豆腐田楽

材料（2人分）

● **菜飯**

ダイコンやカブの葉 … 適量、ご飯 … 適量、塩 … 少々

● **豆腐田楽**

木綿豆腐 … 1丁、和がらし … 適量

● **味噌だれ**（つくりやすい量）

煮切りみりん … 150cc（鍋でみりんを煮立たせアルコール分を飛ばす）

砂糖・八丁味噌 … 各100g

葉付きのダイコンやカブが出回る季節だけの菜っ葉が主役のご飯。八丁味噌発祥の地である愛知県岡崎市では、菜飯に豆腐田楽が付いてくるそうです。

つくりかた

● **菜飯**

1 葉を切り落とし、熱湯に塩（分量外）を入れサッと茹でて、水気を絞る。刻んで、軽く塩もみをする。

2 炊いたご飯に1を混ぜる。

● **豆腐田楽・味噌だれ**

1 木綿豆腐に皿等の重しをのせ、30分ほど水切りする。

2 〈味噌だれ〉をつくる。煮切りみりんと砂糖を弱火にかけ、砂糖が溶けたら八丁味噌を入れて混ぜる。

3 木綿豆腐を厚み1.5㎝、幅3㎝ほどの短冊型に切る。フライパンで豆腐を焼き、焼き色が付いたら、〈味噌だれ〉にくぐらせる。お好みでからしを付ける。

菜飯は子どもも大好きな味。おむすびにもおすすめ。〈味噌だれ〉は味噌おでんや、根菜を味噌だれで煮る「煮味噌」にも使えます。冷蔵庫で2週間ほど保存できるから、多めにつくっても。濃いと感じたら水や出汁で薄めてくださいね。

d47 RECIPE
4

023
愛知
AICHI

きしめん
きしめん

d47 RECIPE
5

037
香川
KAGAWA

いりこうどん

香川といえば、いりこ出汁のうどん。製麺所で提供したことが始まりで、今でも早朝から人々を支えています。薬味をのせず「まずは、そのまま味わう」のが鉄則。

材料（2人分）

● いりこ出汁（作りやすい量）
水 … 1ℓ、いりこ(煮干し) … 30g、昆布 … 4g

● いりこうどん（2人分）
いりこ出汁 … 500cc、うどん … 2玉
薄口醤油 … 小さじ1と1/2、塩 … 小さじ1弱
ワケギ・おろしショウガ … 各適量

つくりかた

● いりこ出汁

1 材料を全て鍋に入れ、冷蔵庫で一晩水出しする。

2 鍋を沸騰しないように弱火で温める。湯気があがり、泡がポコポコ出てきたら昆布を取り出す。いりこがユラユラする位の火加減で3～5分ほど煮出す。

3 ざるにキッチンペーパーなどを敷き、静かにこす。

● いりこうどん

1 いりこ出汁を鍋に入れ、火にかける。温まったら塩と薄口醤油で味付けする。

2 うどんを茹で、1をかける。薬味はお好みで。

dd

いりこ出汁は沸騰させると苦味が出やすいので、温めるときは沸騰させないようにしましょう。いりこの出汁がらは香味野菜と合わせてかき揚げに。味噌で炒めておかず味噌に。いりこは最後まで美味しくいただけますよ。

RECIPE
5

037
香川
KAGAWA

23

d47 RECIPE 6

039
高知
KOCHI

田舎寿司

高知定食の中でも大好評をいただくのがこちら。海の魚が手に入りにくい山間部で、里山の恵みを活かしてつくられてきた郷土寿司です。

材料（寿司24個 3〜4人分）

●シイタケ寿司

生シイタケ … 6個、出汁 … 1カップ、
砂糖 … 大さじ1と1/2、醤油 … 大さじ1

●ミョウガ寿司

ミョウガ … 3本、ゆの酢（ユズ果汁）… 大さじ1
砂糖 … 大さじ1、塩 … ひとつまみ

つくりかた

●シイタケ寿司のネタ

1 シイタケの軸をとり、全ての材料を鍋に入れて、中弱火で煮る。

2 火加減を調節しながら、落とし蓋をして煮汁がほぼなくなるまで煮含める。

●ミョウガ寿司のネタ

1 ボウルに調味料を全て入れ、混ぜる。

2 ミョウガの根元を落とし、縦半分に切る。さっと茹でてザルにあける。

3 ミョウガが熱いうちに、1に漬ける。

次ページへ続く

d47 RECIPE 6

039
高知
KOCHI

●コンニャク寿司
コンニャク … 1/2枚、出汁 … 1/4カップ
醤油 … 大さじ1、みりん … 大さじ1/2
砂糖 … 小さじ1

●玉子巻き
卵 … 2個
砂糖 … 大さじ1、塩 … ふたつまみ

●コンニャク寿司のネタ
1 コンニャクは3×5㎝くらいに切る。厚みを3等分し、長辺に切り込みを入れて袋状にする(6個できる)。
2 コンニャクと他の材料を全て鍋に入れ、中弱火で煮る。
3 火加減を調整しながら、落とし蓋をして煮汁がほぼなくなるまで煮含める。

●玉子巻き
1 ボウルに全ての材料を入れて混ぜる。
2 あれば18×16㎝の玉子焼き器を熱して油をなじませ、1を流し入れる。
3 弱火にし、片面が焼けたら反対側も焼く。巻きすに乗せて冷ます。
※玉子焼き器がない場合は、大きめのフライパンを使って、18×16㎝位になるよう形を整えながら焼く。

● **酢飯**

米 … 2合

A
- 米酢 … 大さじ2
- ゆの酢(ユズ果汁) … 大さじ1
- 砂糖 … 大さじ5
- 塩 … 小さじ1

ショウガ … 4カケ(約25g)

炒りゴマ … 大さじ1

● **酢飯**

1 通常の水の量で米を炊く。ショウガをみじん切りにする。

2 寿司酢をつくる。ボウルにAを入れて混ぜ、ショウガと炒りゴマを加える。

3 米が炊けたら、熱いうちに寿司酢を合わせ、うちわなどであおぎながら、切るように混ぜる。粗熱を取る。

● **仕上げ**

1 酢飯を分ける。寿司1個につき約25g、玉子巻き用に約200g取り分ける。

2 握った酢飯12個の上に、シイタケとミョウガを1切れずつ置く。

3 コンニャクの袋を破らないよう、酢飯を詰める。

4 巻きすの上に玉子焼き、酢飯約200gの順で置き、太巻き寿司のように巻く。5分ほど置いて落ち着かせ、6個に切る。

一番の特徴は「ゆの酢」と呼ばれるユズ果汁を使った酢飯で、ショウガをみじん切りにして入れるのが、高知での定番です。寿司酢は、一晩寝かせたものを使うと味が馴染んで、よりおいしくなりますよ。

d47 RECIPE

6

039

高知

KOCHI

大漁
鰹丸
久礼大正町市場

源規さん夫婦は朝早くから、そわそわします。
町へ出ている娘さん夫婦が孫をつれて柚子とりの手伝いに帰ってくる日です。
お弁当もたくさんつくって、おやつも買って、お正月より楽しい日です。
この日ばかりは、静かになってしまった土川にも元気な子供の声がこだまして
源規さん夫婦の顔も、いつもにまして明るくなります。
そんな源規さん一家の柚子とりは もう二十年以上つづいています。
大きくなった お孫さんは、りっぱな働き手になりました。
町で遊びたい年頃ですが柚子とりの日には毎年、
おじいちゃん、おばあちゃんの住む馬路村へ帰ってきてくれます。
今年も秋晴れの日曜日。
人のいなくなった土川で 源規さんの柚子畑が
みんなの来るのを まっています。
あと何年かしたら
娘夫婦が村へ
帰ってくるかもしれん。

since 2010
Coffee Roaster
10:00-17:00
LO16:30

d47 RECIPE
7

044
大分
OITA

りゅうきゅう

魚を保存するためにつくられた大分の漁師飯。魚の切り身をゴマやショウガを入れた醤油だれに漬け込み、薬味をたっぷりと。カボスを搾るのをお忘れなく。

材料（2人分）

アジ、サバ、ブリ、カンパチなど、旬の魚 … 160g
すりゴマ … 大さじ1弱

● 漬けだれ

たまり醤油（または濃口醤油）… 小さじ2
酒 … 小さじ1と1/2（酒は分量より多めに用意し煮切って冷ましておく）
砂糖 … 小さじ1、ユズ胡椒 … 適量

● 薬味（お好みの量）

万能ネギ、ミョウガ、シソ、カイワレダイコン、炒りゴマ、カボス

つくりかた

1 〈漬けだれ〉をつくる。材料をボウルに入れ混ぜる。ユズ胡椒はお好みで。
2 薬味を食べやすく細かく切る。カボスはクシ切り。
3 魚を拍子切りにして、〈漬けだれ〉とすりゴマで和える。
4 皿に盛り、薬味をのせる。炒りゴマを散らし、カボスを添える。

dd 九州地方の醤油は甘いので、レシピでは甘みを足しました。郷土料理が生まれた地域の味噌や醤油でつくるとより一層おいしくなりますよ。〆に出汁をかけても最高！

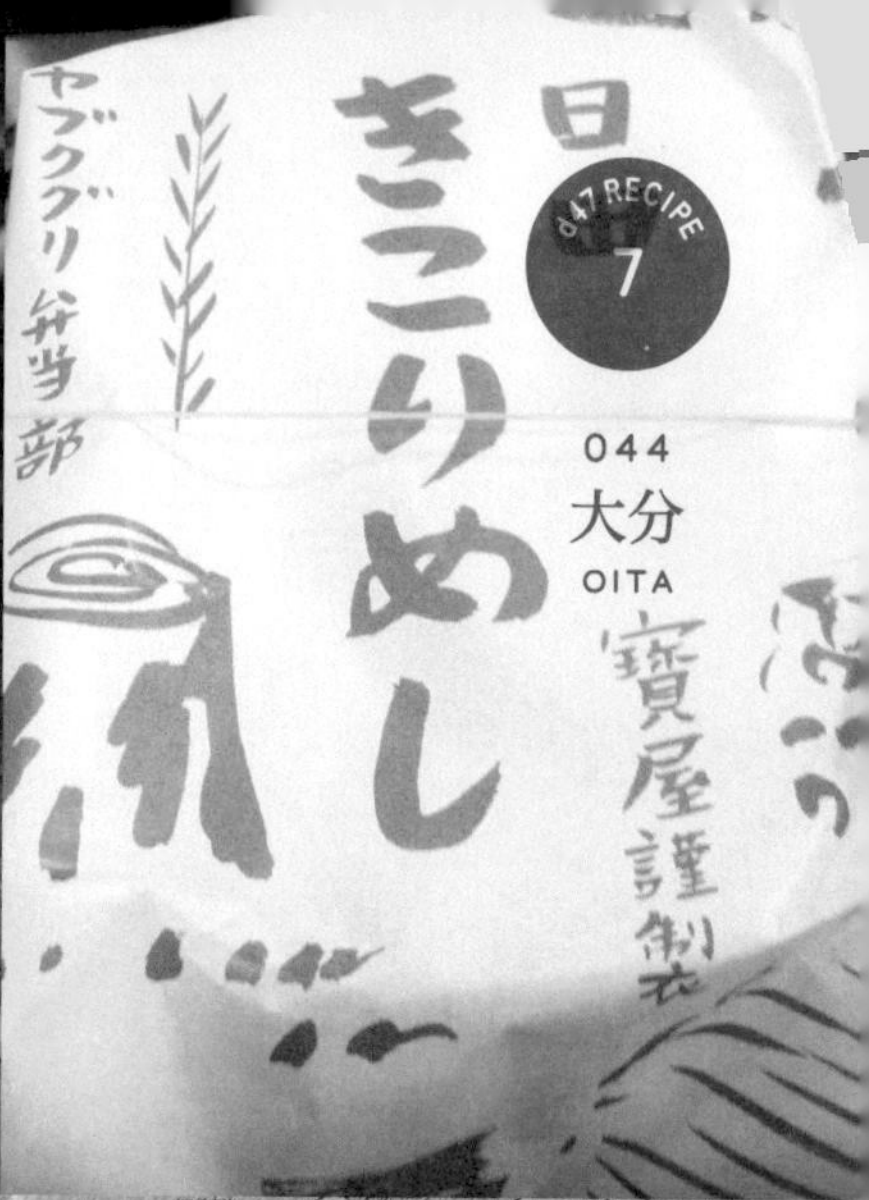
ヤブクグリ弁当部
きこりめし
d47 RECIPE
7
044
大分
OITA
寶屋謹製

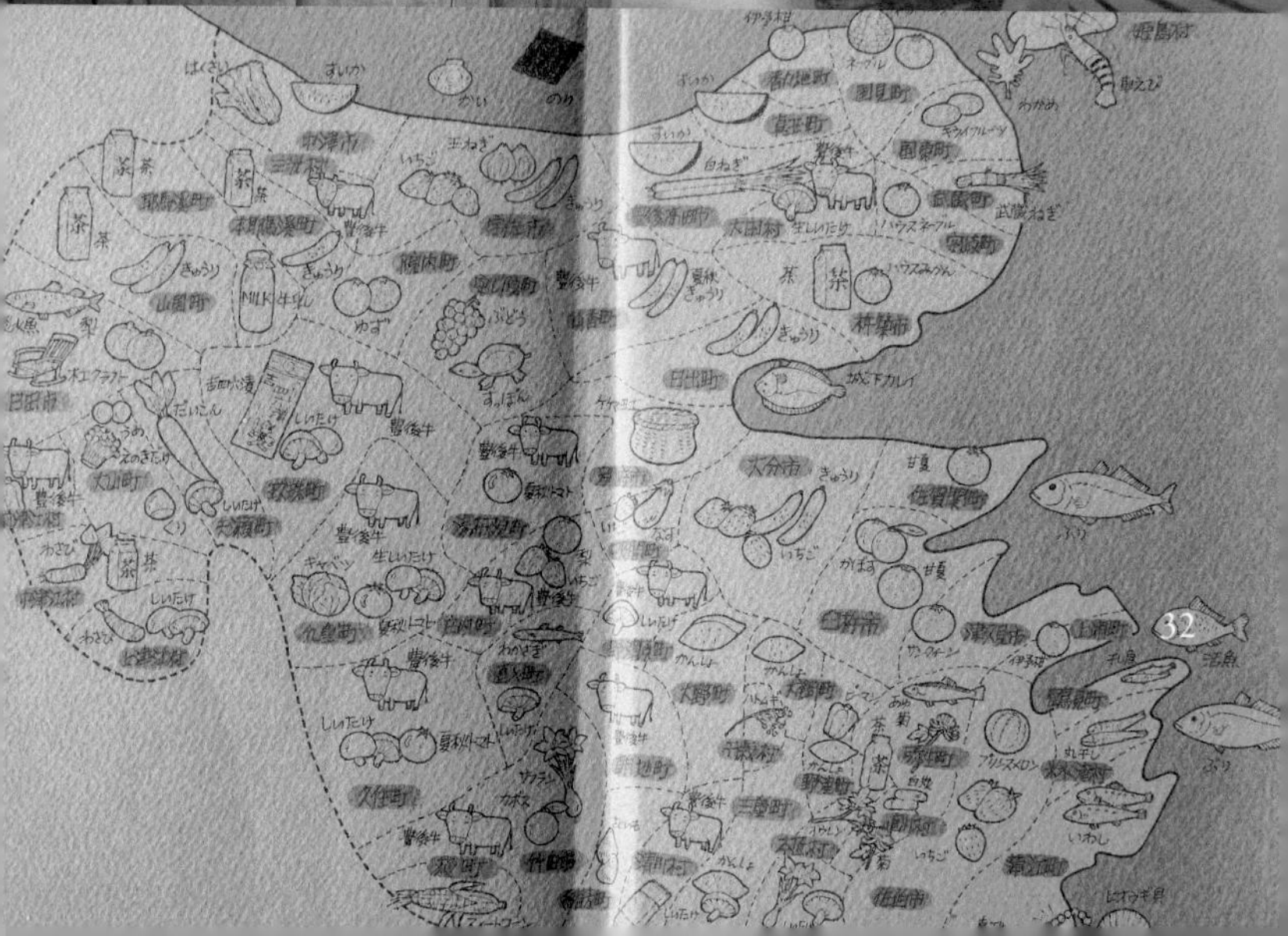
はくさい
すいか
かい
のり
玉ねぎ
いちご
きゅうり
茶
豊後牛
MILK 牛乳
ゆず
ぶどう
すっぽん
だいこん
しいたけ
くり
わさび
キャベツ
生しいたけ
夏秋トマト
白ねぎ
武蔵ねぎ
ハウスみかん
城下カレイ
甘夏
かぼす
ぶり
車えび
わかめ
いわし
丸干し
プリンスメロン
大分市
佐賀関町

d47食堂

47都道府県の生産者を訪ね、各地に根付く食文化を活かしたメニューを提供。「食」を通じて、各地の個性と魅力を伝えています。

📍 東京都渋谷区渋谷2-21-1 渋谷ヒカリエ8F
☎ 03-6427-2303
Instagram：@d47_shokudo

#つづくをたべるレシピ

「d47食堂」の郷土料理、など、80以上のレシピをD&DEPARTMENT公式サイトでご紹介。

D&DEPARTMENT PROJECT
www.d-department.com

つづくをたべるレシピ
d47食堂の郷土料理

2024年2月5日 初版 第1刷発行

企画　相馬夕輝

料理　植本寿奈
デザイン　加瀬千寛
編集　田邊直子、石橋歩

イラスト　十河知子

撮影　山﨑悠次
p.4, p.8, p.12, p.16, p20, p.24, p.30

器　山中漆器　p.4
出西窯　p.8
仁条逸景 作　p.16
砥部焼 梅山窯　p.20,24
小鹿田焼 坂本工窯　p.30

発行　D&DEPARTMENT PROJECT
〒158-0083 東京都世田谷区奥沢8-3-2 2F
Tel 03-5752-0097　Fax 03-5758-3755
www.d-department.com

印刷・製本　株式会社サンエムカラー

各地の風景は、『d design travel』山形号、埼玉号、岐阜号、愛知号、香川号、高知号、大分号より抜粋したものです。

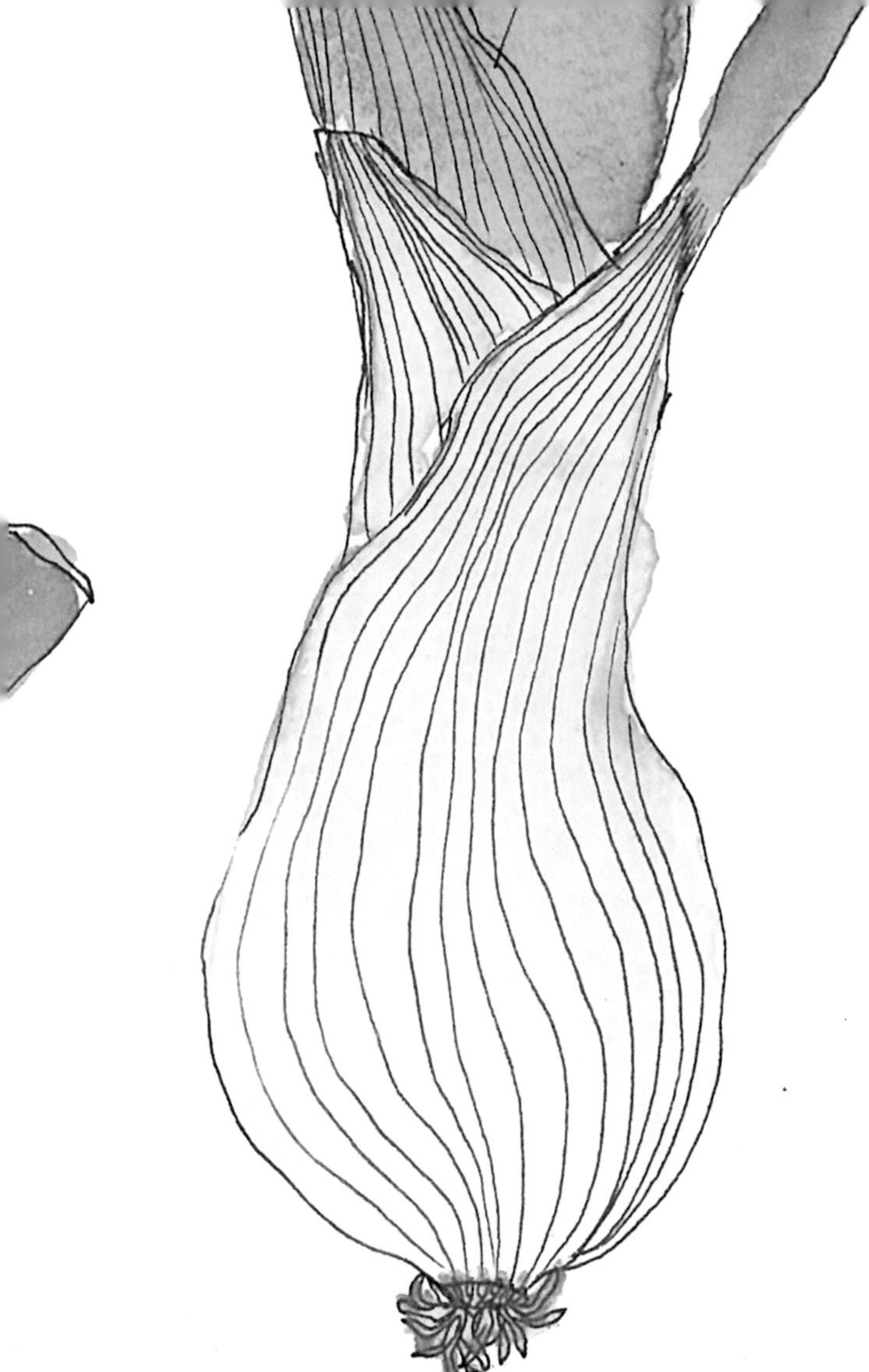

本冊子は書籍『つづくをたべる食堂』(ISBN 978-4-903097-73-2)の付録です。
発行 D&DEPARTMENT PROJECT　TEL.03-5752-0097